천 개의 단어, 생각의 틈을 비집는 문장들,
그리고 억접의 시간이 모인 결정체
이어령 어록집

나를 향해 쓴 글이 당신을 움직이기를

KB189763

이어령의 말

일러두기

1 단행본 및 정기간행물은 『 』, 시와 소설, 평론 등은 「 」, 영화와 TV 프로그램, 전시, 그림은 〈 〉, 노래는 ' '로 묶었다.

2 명백한 오류에 한해 저작권자와 협의해 바로잡았으며, 그 외 내용은 모두 원문을 따랐다.

3 병기는 일반 표기 원칙에 따르면 최초 노출 뒤 반복하지 않으나 원문과 동일하게 병기했다.

4 본문에 언급된 책, 작품, 프로그램이 우리말로 번역된 경우 그 제목을 따랐으며 그렇지 않은 경우 원문에 가깝게 옮겼다.

이어령의 말

이어령 어록집

나를 향해 쓴 글이 당신을 움직이기를

세계사

어록은 이어령이 쓴 일행시다

1988년 서울 올림픽의 하이라이트였던 굴렁쇠 장면을 보고 시인 김영태는 "넓은 스타디움에 이어령이 쓴 일행시一行詩"라고 평한 일이 있습니다.[1] 김영태가 지적한 것같이 이어령에게는 '일행시'를 쓰는 특기가 있습니다. "한 알의 모래를 통하여 우주를 보는" 윌리엄 블레이크식[2] 안목입니다. 그건 블레이크의 경우처럼 긴 문장 속에 박혀 있는 일도 있지만, 짧은 문장 속에 긴 내용을 함축하는 경우도 많습니다.

이어령은 순발력이 특출한 예술가입니다. 그에게는 예고 없이도 어떤 자리에서 어떤 이야기든 수미일관하게 연설해내는 저력이 있습니다. 글도 마찬가지입니다. 그는 12년간 칼럼을 쓴 칼럼니스트입니다. 신문의 칼럼은 제약이 많은, 어려운 글입니다. "그날 일어난 사건 중에서, 사시社是에서 벗어나지 않

---

1 김영태, 「一行의 숨죽임」, 『64가지 만남의 방식』, 김영사 1993.
2 윌리엄 블레이크의 시 「순수의 전조」 첫 절 "To see world in a grain of sand / And a heaven in a wild flower"을 인용.

으면서 참신한 토픽을 골라, 두 시간 안에 8매에 수렴해야" 하기 때문입니다. 그래서 젊은 사람에게는 논설위원을 시키지 못합니다. 그런데 27세의 이어령에게서 그 능력을 발굴해낸 분이 있습니다. 석천昔泉 오종식(吳宗植, 1906~1976)[3] 선생입니다. 석천 선생은 아직 젊은 그에게서 깊이 있는 일행시를 쓸 가능성을 감지하신 겁니다.

이어령은 긴 글보다는 짧은 글에서 빛을 발하는 문인입니다. 새로움과 예지에 찬 그의 에스프리esprit는 굴렁쇠식 일행시를 통해 독자를 열광시킵니다. 이어령은 「흙 속에 저 바람 속에」「바람이 불어오는 곳」「하나의 나뭇잎이 흔들릴 때」같은 감성적인 제목의 '일행시'들을 들고 문단에 등장했습니다. 그러면서 한편에서는 「화전민지대」「루비앙카 수인囚人의 기도」「사반나의 풍경」같은 이국적인 제목의 지적인 글들도 썼습니다.

짧은 글이 사람들의 내면을 흔들려면 굴렁쇠 신scene 같은 함축의 깊이와 넓이가 있어야 합니다. 이어령의 글에는 번개처럼 섬광을 발하며 핵심을 꿰뚫는 빛나는 언어들이 있습니다. 날렵한 단도처럼 단숨에 핵심을 찌르는 그의 낱말들은 참신한 비유법과 빈틈없는 논리를 겸비하고 있어, 독자들을 전율하게 만들었습니다.

---

3 1960년도 당시 서울신문사 사장. 언론인.

이어령기념사업회는 그의 글 중에서 그런 어록들을 찾아내는 작업을 시작할 무렵 세계사와 만났습니다. 세계사의 3년에 걸친 어록 찾기 작업에는 감동적인 열기가 있었습니다. 어록 선정에 동참해준 최윤 교수, 김승희 시인, 김민희 편집위원에게도 그런 열기가 있었고요. 앞으로 어록집은 시리즈로 낼 예정이니 『이어령의 말』은 '이어령 어록집 1권'이 될 것입니다.

이 한 권의 책을 만들기 위해 혼신의 힘을 기울인 세계사 임직원들과 최동혁 사장님께 깊이 감사드립니다. 지난 3년여간 세계사의 임직원들이 기울인 그 모든 노력이, 독자들로 하여금 이어령의 진수를 다시 발견하는 계기가 되어주기를 기원합니다.

이어령기념사업회 강인숙

차례

1

마음: 사랑의 근원

마음

마음이야말로 정신의 인덱스인 것이다.

진행형

실망과 희망은 가장 가까운 이웃이다. 실망이 있기에 희망이
있고, 희망이 있었기에 실망이 있는 것. 어린아이들처럼
모래성을 쌓고 허물고, 허물고 쌓는 것이 인간의 생인지도
모른다. 사실 인간의 길엔 진행형만이 있을 뿐이지 결론은
없는 것이라고 할 수도 있다.

정情

정이라고 하는 것은 무엇인가요. '이것은 이것이고 저것은
저것이다'라는 식으로 지적하며 흑백을 따지는
것이라기보다는 어렴풋한 달빛처럼 인간과 인간의 관계를
감싸주는 것, 거기에 어떤 정겨운 따스함이 그윽하게 흐르는
것이라 할 수 있습니다. 너무 뚜렷하면 정이 생겨나지 않지요.

—

정은 물과 같은 것이라고 할 수 있다. '정에 젖는다'라는 말이
있다. 정을 사물과 비교한다면 분명히 물이다. 그래서
정이라고 했을 때에는 번쩍거리는 찬란한 햇빛이 가득히
비쳐주는 것 같은 것이 아니고, 봄비처럼 부슬부슬 내려서
피부로 젖어 들어오는 느낌이라고 할 수 있다.

영혼

세상은 늘 죽을 만큼 괴로운 것들을 넘어서야만
새로운 세계를 보여줍니다. (…)
그러니 지금 흐르는 눈물을 닦지 마세요.
마를 때까지 그냥 놔두세요. 눈물은 창피한 것이
아니라 자랑스러운 것입니다.
당신에게 눈물이 있다는 것은 영혼이 있다는 것,
사랑이 있다는 것, 누군가를 사랑하고 애타게
그리워한다는 것, 그리고 뉘우친다는 것,
내가 아니라 남을 위해서 흘리는 눈물은 비가
그치자 나타난 무지개처럼 아름다운 것입니다.

불안

사람들은 어린애들처럼 기쁜 일이 생기면 안전한 곳으로
도망치려고들 한다. 재물이나 사랑을 얻은 자리에서는 빨리
도망쳐야 한다고 믿고 있다. 훔친 물건은 그 현장에서 멀리
떠나야만 완전한 자기 소유가 된다고 생각하는 것처럼
대체로 뜻밖의 기쁜 일이 닥쳐왔을 때는 그것을 훔친
물건이나 혹은 다시 빼앗기고 말 물건처럼 여긴다.
우리는 그만큼 기쁨에 익숙해 있지 않다. 그러나 슬픔은
대개가 다 자기 것으로 생각하고 있는 것 같다. 당연히 자기가
가지고 있어야 할 것으로 믿는다.

—

낯선 사람들, 타향에서 온 사람들, 풍속이 다른 사람들,
흡사 항해자에게 있어 하나의 파도처럼 그것들은
이상한 불안의 손짓으로 우리를 부른다.

—

실체는 보이지 않고 그림자만이 보일 때 그것은 우리를
불안하게 한다. 마치 영상만 있고 실체는 알 수 없는 생의
불안과 마찬가지로.

—

불안은 대개가 다 정숙 속에서 음모된다.

—

불안을 탈출한다는 것은 그것을 이탈하는 것이 아니라 그

안에서 그것을 지닌 채 산다는 것. 그런고로 더욱 삶의 근본
마당에서 산다는 것을 의미한다. 불안의 탈출구는 밖으로
향하고 있는 것이 아니라 안으로 향하고 있다.

행복

어느 곳에 돈이 떨어져 있다면 길이 멀어도 주우러 가면서,
제 발밑에 있는 일거리는 발길로 차버리고 지나치는 사람이
있다. 눈을 뜨라! 행복의 열쇠는 어디에나 떨어져 있다.

—

세상엔 예금통장 액수가 커져갈수록 인간의 행복도
커져간다고 믿는 사람이 많다. 그러나 그런 사람들도 행복을
캐비닛 속에 잠가둘 수 없다는 것쯤은 알고 있을 것이다.

—

'행복'이란 말은 '모험'의 뜻을 상실했고 '동경'의 뜻을
상실했고 '영원'의 뜻을 상실했다. 사람들은 가까운 곳의
행복만 찾아다니다가 행복이란 말까지 상실해버린 것 같다.

—

도마뱀을 천 배로 확대시켰다고 해서 악어가 되는 것은
아니다. 저 갓난아이를 열 배로 확대시켰다고 해서 어른이
되는 것은 아니다. 지금의 재산을 배로 늘린다고 하여 행복이
배가 되는 것은 아니다.

—

가치와 비전을 갖고 일을 하면 아무리 천한 일이라 하더라도 그것은 활동이 된다. 즉 행복에 대한 해답은 우리 스스로에게 있다.

—

여러분들은 눈사람을 만들던 사람들이다. 그 어린 시절에 더 따뜻한 목도리, 더 두꺼운 이불을 원한 사람들이 아니라 바깥으로 뛰어나가서 무언가를 스스로 만들었다. 그게 그냥 짐승이 아니고 사람이었다. 이름만 그런 게 아니라 정말로 눈으로 만든 '사람'이었다. 그리고 눈사람이 녹을까 봐, 봄이 올까 봐 무서워서 오히려 나의 눈사람을 위해서 기도했다. '세상에서 가장 길고 추운 겨울을 주옵소서.' 이게 사랑이고, 내가 만든 창조물에 대한 나의 꿈이고, 그게 나의 삶이다. 이런 사람은 하루를 살아도 행복하다.

—

현대인에게 있어 행복은 잃어버린 숙제장宿題帳이다. 누구나 이제는 행복이란 문제에 대해서 깊이 생각하기를 주저한다. 그것은 하나의 장식 문자裝飾文字가 되어버렸다.

파멸
아담을 파멸시킨 이브의 손, 삼손의 머리를 깎은 델릴라의 칼, 유왕幽王을 망친 '포사'의 웃음, 최고의 사랑은 최악의 파멸이다.

감사

감사하는 마음, 그것은 자기 아닌 다른 사람에게
보내는 감정이 아니라 실은 자기 자신의 평화를
위해서이다. 감사하는 행위, 그것은 벽에다 던지는
공처럼 언제나 자기 자신에게로 돌아온다.

내면

모든 창문에 불이 꺼진다. 온갖 생명의 색채가 암흑의 빛으로
변해가는 시각, 마치 하나의 월광처럼 영혼의 가장 깊숙한
곳에서 우러나오는 광채, 이 내면의 빛은 유리조각처럼
번득이지 않는다. 자기를 드러내놓는 빛이 아니라 자기
내부로 끝없이 스며들어가는 빛이다.

외로움

사람들은 악수를 하거나 포옹을 하거나 합니다.
나는 타자와 늘 하나가 되고 싶어 가까이 다가가 손을 내밀고
끌어안습니다. 그럴수록 어쩔 수 없이 너와 나를 가로막고
있는 틈새를 발견하고 안타까워합니다. 애타는 절망이
또다시 남에게 다가서려는 욕망을 일으킵니다. 그것을
사랑이라고도 부르고 정이라고도 부르고 그리움이라고도
합니다. 보이고 잡히는데도 아주 얇은
앵프라맹스inframince(눈으로 볼 수 없는 얇은 막)가 그 사이를
가로막습니다.

절망

끝없는 절망, 피 묻은 고뇌들! 이 아픔과 고독 없이는 진정한
행동을 발견하기 어렵다. 불행한 세기의 밤을 위하여
너 자신으로 울라. 이 불행한 인간의 조건을 위해 스스로

1장

삭막한 영靈의 사막으로 가라. 이것이 그대의 그리고 모든
우리의 모험적 절망이요, 제로zero 이후의 행동이다.

—

우리들의 병은 철저하게 고민하지 않고 철저하게 절망하지
않는 데 있다. 사람은 어렴풋한 희망이나 막연한 기대를
가지고 언제나 자신과 그 주위의 어둠을 기만하려 든다.

—

인간은 일상적인 세계의 이상적인 성격과 정신의 굉장함과
아름다움을 생각할 필요가 있다. 그렇지 않으면 인간은
그 음울하고 때 묻은 생활에 압도당하여 절망의 심연에
빠져든다.

비극

참된 비극은 슬픔 속에 있는 것이 아니라 슬픔을 감추려는
그 행위 속에 있다.

—

비극을 보고 울 수 있는 사람은 그래도 행복한 축에 속한다.
그러나 비극을 하도 겪어서 이제는 아주 만성이 되어버린
사람은 슬픈 일이 있어도 울지 않는다. '눈물도 메말랐다'는
말이 그런 경지를 두고 한 소리다. 슬플 때 미소 짓는 것은
일종의 마이너스 감정, 역설의 표정이라 볼 수 있다.

말

좋은 땅에 씨앗이 떨어지면 어떤 것은 30배, 60배, 100배
결실을 맺기도 한다. 말도 마찬가지다. 누군가가 전해준
지식이나 말을 통해 우리는 몇백 배의 수확을 얻을 수가 있다.
말은 그냥 전달되는 것이 아니라 사람의 마음에 가서
번식한다.

희망

어떤 절망이나 고통도 순환하는 구조에다 놓고 보면 희망이
움트게 된다. '쥐구멍에도 볕 들 날이 있다'는 속담도 그렇고,
속된 표현에 '세상은 돌고 도는 것'이라는 말도 그렇다.
그것은 모두 순환구조에서 희망을 발견하려는 표현의식의
산물이다. 겨울이 가면 다시 봄이 온다. 생의 의미도 그렇다면
헤어짐의 고통 뒤에는 만남의 기쁨이 오고, 죽음 다음에는
재생의 빛이 있을 것이다.

공감

공감 없는 세계는 마치 어두운 밤과도 같아서 누구도 그런
곳에서는 타인의 얼굴을 바라볼 수 없을 것이다.

—

공감, 그것은 피아노와 손의 관계처럼 마음이 마음을
건드리는 하나의 음악이다.

무게

사람은 두 개의 몸무게를 갖고 살아간다. 저울로
달 수 있는 무게와 마음으로 다는 시간의
무게이다. 그래서 마음이 풍부하고 인격 있는
사람을 보고 무게가 있는 사람이라고
말하기도 한다.

사랑

창조적인 사랑이란 자아의 영역을 넓히는 것, 쉬운 말로 하면
두 사람이 하나의 세계를 형성하는 데 있어요.

—

사랑의 키는 죽음보다 한 치라도 높아야 해요. 그렇지 않다면
인간은 단지 죽기 위해서 태어난 것뿐이니까요.

—

사랑은 관찰이 아니다
잠수다
강물을 사랑하는 사람은
아름답다고 말하지 않고
그냥 뛰어든다

—

인간이 자연의 마음을 품고 하늘의 마음을 품을 때, 네모꼴이
동그라미로 변해서 사람은 사랑, 사랑으로 바뀐다.

—

정의로운 것은 누구나 할 수 있습니다. 미국에서 남북전쟁을
치를 때 남쪽의 정의와 북쪽의 정의가 달랐어요. 모두들
자기가 정의롭다고 생각해요. 정의로움은 입장에 따라
다릅니다. 그런데 사랑에는 입장이라는 게 없습니다. 남쪽의
사랑과 북쪽의 사랑이 따로 없어요. 그렇기 때문에 정의를
이야기하지 않고 자꾸 사랑을 이야기하는 것입니다.

—

상처를 내지 않고는 사랑을 할 수 없다.

—

사랑이 좋아하는 것과 근본적으로 다른 것은 불편하고
고통스러운 데 있다. 그러기에 사랑은 어둠이 있어야 비로소
볼 수 있는 별처럼 아픔을 통해서만 서로 만져볼 수 있는
지고한 희열인 것이다.

—

'사랑'은 자비와도 다른 것이다. 자비는 연민에서 시작될 수도
있다. 그러나 사랑은 연민이 아니라 바로 그 사람의 고통 속에
있다. 그렇기 때문에 무엇인가를 사랑하고 있는 사람은
희열만이 아니라 위험과 비탄과 어려움에 휩싸이게 된다.
그것은 편안함보다 '야윈' 모습으로 상징되는 세계이다.

—

'사랑'이라는 말의 원래 뜻은 '생각'이었다고 합니다.
누군가를 사랑한다는 것은 그 사람을 오래오래 생각한다는
것. 그래서 옛날 사람들은 생각한다는 것을 곧 사랑한다고
했던 겁니다.

—

아무리 철없는 때의 사랑이라 하더라도 사랑은 평화보다도
투쟁의 감정에 가깝다.

—

'민주주의가 반드시 이상적으로 완벽한 정치 체제는 아니다. 그러나 인간이 만든 제도 가운데 그보다 나은 제도가 없기 때문에 우리는 그것을 신봉하는 것이다'라는 말처럼 사랑이 과연 죽음을 뛰어넘는 영원인지 타자(남)의 벽을 뛰어넘는 사다리인지 확실치 않지만, 그런 힘을 가진 것으로 인간이 발견한 행위 가운데 사랑 이상의 것이 없기 때문에 우리는 그것을 신봉할 수밖에 없는 거예요.

—

가시에 찔리지 않고 장미를 딸 수 없다는 그 비극,
죄를 짓지 않고는 사랑을 느낄 수 없다는 인간의 그 형벌.

유머
웃음을 좋아하고 유머의 가치를 알고 있는 사람들 가운데
악인은 없다. 유머라고 하는 것은 절박할 때, 분노를 느낄 때,
신경질이 솟구칠 때, 도리어 그 진가가 발휘되는 방법이다.
정신적인 여유와 아량에서만 유머의 분수가 용출할 수
있기 때문이다.

—

유머는 그냥 '우스운' 것이 아니라, '정신적인 여유' 혹은
'인생을 대하는 너그러운 태도'까지를 포함한 말이다.
긴박할 때, 절망적일 때 그리고 분노 속에서도 웃을 수 있는
기질, 그것이 바로 유머이다.

비

같이 젖어야 한다. 좁은 우산을 너와 내가 받는 편이 좋다.
흠씬 젖는 것이 좋다. 그것이야말로 비를 피하는 우리들의
마음이다. 젖는 것이 말이다. 한 우산을 둘이서, 셋이서 함께
받고 가다가 들판에서 비를 맞는 외로운 들쥐처럼 서로 몸에
묻은 빗방울을 털고 있는 것이 비를 피하는 우리들의
어리석은 방주다.

울음

인간이 상실한 자유 가운데 마음 놓고 울 수 있는 그 자유도
한몫 끼어 있다.

홀로

우리에게 정말 위로와 믿음을 주는 자는 국화처럼 계절을
거슬러 사는 사람이다. 남들이 다 잠들 때 홀로 깨어 있는
사람은, 남들이 다 떠날 때 홀로 남아 있는 사람은, 그리고
남들이 모두 침묵하고 있을 때 홀로 노래하는 사람은
우리에게 더 많은 용기와 사랑을 남기는 자들이다.

결

종이를 찢어보세요. 결을 따르지 않으면 마음대로 찢기지
않습니다. 옥을 갈 때에도 결을 거스르면 다른 돌과 다름없이

빛이 나지 않습니다.

그래서 이치理致를 밝히고 순리順理를 따르고 사리事理를 따지고
분별하는 말에는 모두 '리理'자가 붙어 있지요.

생각하고 행동할 때마다 결부터 찾아가세요. 꿈결을 따라
마음의 결, 삶의 결을 따라가면 땅이 보이고 하늘이 보이고
세상이 한결 아름나워질 것입니다.

———

인생의 '결'을 찾아가면 인생이 쉬워지지만, 결을 거슬러
올라가면 '역리' 즉 파국이 온다. 돌의 결을 거슬러 갈면 돌이
깨져버리는 것처럼 물결을 거스르고, 인간의 마음결을
거스르면 파국을 맞이하게 된다.

모순

인생은 비극이니까 희극인 것이다. 반대어가 아니라
그것은 동의어이다. 말하자면 한국인의 마음은 고뇌의 술잔에
가득 찬 환희라고 할 수 있다. 이 모순의 화합 속에서 인생의
꽃이 핀다.

———

가장 큰 모순. 그것은 태양을 진정으로 이해하는 자가 어두운
감방 속에 갇힌 죄수라는 것이다. 위대한 신을 갈망하는 자가
가장 가난하고 미천한 자인 것과 마찬가지로.

아픔

이 시대의 아픔을 보면서도 슬퍼하지 않고 아파하지 않는
저 많은 사람들 틈에서 당신마저 코를 골며 깊이 잠들어
있어서는 안 된다. (…) 당신은 깨어 있어야 한다. 모든 사람이
'나는 그들을 모른다'고 부정할 때, 높은 베개를 베고 코를
골고 있을 때 당신만은 눈을 뜨고 깨어 있어야 한다.
아파해야 한다.

고독

모든 사람이 떠나가고 있을 때 혼자 앉아 있다는 것은 외로움
중에서도 가장 큰 외로움이다. 만인이 떠날 때 혼자 있고
만인이 있을 때 혼자 떠나는 그 외로움을 이겨내는 자만이
실로 용기 있는 자다.

—

고독한 자는 자기 무죄를 증명할 수도 없는 사람이다. 고독의
세계에는 증인이란 것도 없다.

기쁨

기쁨은 그보다 더 크고 집요한 욕망 때문에 더 쉽게
지나간다. 기억할 수도 없는 여름의 소나기처럼 언제나 급히
지나가버린다.

만용

만용이 비겁보다 못한 것은 타인에게 보이기 위한 쇼이기 때문이다. 비겁한 자 가운데는 자기 자신에게 성실한 사람이 섞여 있지만, 만용을 부리는 자는 예외 없이 자신에게 불성실한 자이다.

한恨

'한'은 '뉘우칠 한'이라고도 있듯이 오히려 자기 자신에게 향한 마음이며, 자기 내부에 쌓여가는 정감입니다.

가난

가난하다고 해서 비천한 것은 아니다. 가난을 의식할 때 그는 비천해진다. 부자라 해서 비천하지 않은 것은 아니다. 자기의 부를 의식할 때 비천해진다.

감수성

늙어갈수록 감수성이 무디어진다. 감수성은 젊음만이 지닐 수 있는 월계관이다. 그래서 감수성에는 미숙한 떫은맛이 있다.

비방

남을 비방한다는 것은 그가 자기보다 우월하다는 것을
고백하는 일과 다름없다. 왜냐하면 인간들은 거지를 동정하지,
비방하지는 않는다.

상흔

사랑하는 사람은 누구나 다 손바닥에 찍힌 못 자국을 가지고
있다. 옆구리에 창 자국을 가지고 있다. 비록 예수의 것보다
작고 희미할망정, 누군가를 절실히 사랑하고 사랑하는
사람들에게는 그 고통의 상흔이 있게 마련이다. 그것이
없으면 사랑이 아니다. 사랑을 선택한 사람은 누구나
마구간에 태어나서 십자가에서 죽는 것 같은 괴로운 삶을
선택한 사람인 것이다. 만약 당신이 편안한 삶, 살쪄가는 삶,
부유한 삶을 원한다면 누구도 사랑해서는 안 될 것이다.

분노

분노는 주체성에서 생겨나는 것이며, 그것을 수호하고
그것을 내뻗으려고 하는 데서 생겨나는 것이다.

추위

생의 추위를 느껴보지 못한 사람은 사랑이 무엇인지 모르는
사람이다. 이 세상에서 가장 불행한 사람은 평생 동안 한 번도

앓아본 적이 없는 사람일 것이다.

체온

살아 있는 것들은 추위를 싫어한다. 북극곰처럼 털을 갖지
못한 인간이 더욱 그렇다. 예수님은 더운 땅 마구간에서
태어나셨는데 어째서 우리의 크리스마스카드에는 언제나
눈이 내리고 썰매를 타고 전나무 가지와 지붕에는 흰 눈이
반짝이는가. 사랑은 체온처럼 추위를 통해 느껴지기
때문이리라. 겨울을 함께 추워하는 사람들에게는 '타자'란
없다.

자기비하

자기비하나 자기의 경멸이 사라질 때 '나' 자의 관용사도
사라지게 되는 것이다.
지게꾼이 '품팔이나 하면서 지낸다'라고 하고
농부들이 '땅이나 파면서 살아간다'라고 하는 것은
그들이 자기 직업을 달갑지 않게 생각하는 마음을
가졌기 때문이다. 그래서 '나' 자를 붙여 말하는 것이다.
순간순간… 주어진 일을 불사르려는 열정, 티끌과 먼지라도
사랑하려는 의지…. 이러한 능동적인 행동으로 인생을 살 때,
우리는 비로소 '나나'의 비극에서 해방되는 것이다.

눈물

하늘에는 비가 내려야 아름다운 무지개가 뜬다고 했지만
인간의 마음에는 눈물이 흘러야 영혼의 무지개가 뜬다.

—

모든 것이 다 오염되고 고갈되어도 우리에게는 최종의 물이
남아 있다. 눈물이라는 자원이다. 어머니의 눈물, 영하 50도의
황제펭귄 같은 아버지의 눈물, 누군가가 날 위해 흘린
사랑과 우애의 눈물이다. 그런 물을 받는 물독대가 우리의
마음속에 있다.

—

눈물 한 방울. 이 말을 마지막으로 이 시대에 남기고 싶어.

—

눈물은 이 세상에서 가장 아름다운 액체의 하나입니다. 비가
와야 무지개가 생겨나듯이 눈물을 흘려야 그 영혼에도
아름다운 무지개가 돋는다는 말도 있습니다.

회의

혹시 내 경우처럼 "시험에 들게 하지 마옵시고" 하면서 부들
부들 떠는 젊은이들이 있다면 용기와 자신감을 가지라고
말하고 싶다. 그러면 절대로 악마가 가까이 오지 못하기
때문이다. 젊은이에게는 마음껏 '회의'할 수 있는 특권이
주어졌다. 용기와 힘을 가지고 마음껏 회의하라. 그래야

절망의 끝에서 문이 열린다. 절망을 두려워하거나 회의를
두려워하지 마라.

관용
독사의 독도 입으로 들어갔을 때는 힘을 잃습니다.
소화기관은 신비하게도 이질적인 것을 자기 면역체 속으로
변환시킬 수 있는 T세포를 만들어낸다고 합니다. 어려운 과학
이론이 아닙니다. 토끼 피를 직접 나의 혈관에 주입했다고
한번 가정해보세요. 거부반응으로 금세 죽게 될 것입니다.
그러나 먹으면 아무렇지도 않고 오히려 나의 피로 변합니다.
그것을 생물학에서 관용과 같은 말인 톨레랑스로 명명했지요.
관용은 이렇게 윤리적인 용어가 아니라 생물학적인 용어가
되어버린 것이지요.
죄를 용서하고 나와 다른 남을 받아들일 수 있는 힘은 관용에서
나오고 그 관용은 바로 사랑에서 나오는 것이라고 봅니다.

불면
낮만 있는 인생이란 불면증을 앓고 있는 인생처럼 고통스러울
것이다.

—

불면증보다 더 큰 병은 없다. 살아서 죽음의 상태를 경험하는
병이므로.

셈 치다

무엇인가 마음에 걸리는 일이 있을 때 우리는
흔히 '…셈 치고'라는 말을 잘 쓴다.
그래서 도둑맞은 셈 치고, 술 마신 셈 치고
객쩍은 돈을 쓰는 경우가 있다.
께름칙한 일이 있어도 그보다 더 큰 손해를
보거나 화를 입은 셈 치고 마음을 달래기도
한다. 불행 중 다행이라는 말도 근본적으로는
모든 것을 죽은 셈 치고 생각하는 삶의
계산법인 것이다. 죽은 셈 치면 어떤 불행한
일도 다행으로 보인다. 교통사고를 당해
팔다리가 없어져도 죽은 셈 치면 눈물이 멎는다.

선망

선망심은 위선의 가면을 쓰고 자주 나타난다.

허영

아무리 순수한 사랑에도 허영의 공작새가 잠들어 있다.

한계

마음속 철조망이 많을수록 할 수 있는 게 점점 줄어들어.
그게 자기 스스로 쳐놓은 덫이라는 사실도 잊고 말이야.

낯빛

낯빛은 그냥 표정이 아니라 표정 속의 표정이다.
겉으로 아양을 떨고 미소를 짓는 꾸민 표정이 아니다.
그것은 굳게 닫은 창문 틈으로 어렴풋이 한줄기 빛이 새어
나오는 것처럼 낯빛은 감추고 숨기려 해도 어쩔 수 없이
배어 나오는 내면의 표정이다.

과거

"그때는…"이라고 말하는 사람의 얼굴에는 언제나 일말의
우수가 있다. 상실한 시간 속에서만 행복이 있었던 것처럼
생각하고 있기 때문이다.

슬픔

프리그Frigg 여신과 남해 바닷가의 인어가 흘린 눈물만이
진주가 되는 것은 아닐 것이다. 우리의 슬픔도 그와 같다.
순수한 비탄은, 그 눈물은 진주처럼 아름답게 결정結晶될
것이다. 비극의 순화, 눈물의 전신, 이렇게 해서 생의 보석은
결정된다.

고통

고통은 평소에 귀중하게 보여졌던 것들이 실은 부질없는
것이며, 부질없이 느꼈던 것들이 실은 무엇보다도 존귀한
것이었음을 알려준다. 그것은 일상적인 것과는 다른 생의
내용을 나직한 목소리로 속삭여주는 슬픈 하나의
송화기라고도 할 수 있다.

—

나는 최근에 불경을 많이 읽는데 불교에서 4고四苦라고
합니다. 거기서 고苦는 산스크리트어로, 고통이란 뜻이 아니라
인간의 의지로 할 수 없는 것을 말합니다. 그러니까
생로병사生老病死가 거기 있죠. 그래서 인간의 의지로 자기
몸을 멋대로 할 수 없다는 거예요. 자기가 병 걸리고
안 걸리고를 마음대로 할 수 있어요? 늙는 걸 마음대로 할 수
있어요? 죽는 것을 마음대로 할 수 있어요?
그러면 자기 마음대로 할 수 없는 것을 그냥 마음대로 할 수

없는 걸로 받아들이면 뭐가 없겠어요? 고가 없죠.
그런데 마음대로 할 수 없는 걸 마음대로 하려고 할 때
고가 생기는 거예요.

수단
현대인은 자기 짐을 덜기 위해서 사랑을 하지요. 고통을
피하고 마비시키기 위해서 사랑을 합니다. 권력의 수단,
돈의 수단, 세속적인 생활의 방편으로 사랑을 이용하는
겁니다. 자동기계를 이용하듯이 '러브 머신'의 시대가 온
것이지요. 사랑은 구식이어야 한다는 말을 수긍해야 해요.

감정
감정은 전염병처럼 전파되는 것이기에 자기의 주체성을
감각減却시키기 쉽고, 옳고 그른 판단을 흐리게 하기 쉽다.

응석
응석은 자기를 지배하는 어떤 힘에 대하여 자기 자신을
내맡기는 행위, 그 힘 속에 휩쓸려 안기려는 몸짓이다.
근본적으로 응석 뒤에 숨어 있는 의식은 의존성이며,
달콤한 기대, 맹목적인 믿음 그리고 낙관성이다.

권태

왜 많은 것을 주려고 하는가? 많이 준다는 것은 아무것도
주지 않는다는 것. 가득한 햇살에는, 여름의 충만한 공기에는
사람을 미치게 하는 권태가 있지 않은가. 많은 햇살이 어두운
그늘보다도 우리를 슬프게 하는 것이다.

———

신은 인간에게 권태를 주었다.
권태를 이기기 위해 인간은 '놀이'를 만들어야 한다.

그리움

그리움은 바위가 되어 망부석처럼 어느 벼랑 바닷가에 우뚝
서기도 하고, 정반대로 안개나 바람이나 목소리가 되어
형체도 없이 허공을 떠돌아다니기도 한다. 당신의 그리움은
어떤 것인가. 한곳이 굳어버려 시간도 이끼로 남는 천년의
바위인가. 그렇지 않으면 낡은 문짝을 아프게 흔들어대는
바람인가. 산도 마을도 앞으로 갈 길도 가로막고, 모든 얼굴을
지워버리는 답답한 안개인가.

겸손

이 세상엔 평생을 두고 공부를 해도 다 배우지 못할 많은
진리가 있다는 것을 알 때 인간은 겸손해진다. 시간을
낭비하지도 않고 또 자기 지식을 과신하지도 않는다.

비움

스님을 찾아온 사람이 입으로는
"한 수 배우고 싶다"고 하고는 한참을 제 얘기만
쏟아냈지. 듣고 있던 스님이 찻주전자를
들어 잔에 들이붓는 거야. 화들짝 놀라
"스님, 차가 넘칩니다" 했더니 스님이 그랬어.
"맞네. 자네가 비우지 못하니 찻물이 넘치지.
나보고 인생을 가르쳐달라고? 비워야 가르쳐주지.
네가 차 있어서 말이 들어가질 못해."
마음을 비워야 영혼이 들어갈 수 있다네.

마음: 사랑의 근원

2

인간: 나의 얼굴

인간

부름 소리! 짐승들은 다만 포효할 뿐이다. 인간은 무엇인가를
부르고 있기 때문에 인간이다.

—

사람은 '늙다'라고 하지만, 물건은 '낡다'라고 하잖아요.
낡다와 늙다는 같은 말입니다. 모음 하나 차이지요. 오래된
물건을 낡았다고 하는 것은 인간은 물건이 아니라는 증거지.
이 한마디만으로 난 물건이 아니야, 난 궤짝이 아니야,
난 상자가 아니라고 말할 수 있어요. 그럼 뭐냐? 생명을 가진
존재라는 거야.

가족

가정이 어떻게 생겨났는가? 어떤 인류학자는 이렇게
이야기해요. 배가 고파 사냥을 해서 토끼를 잡았어요. 가족이
없는 사람은 그 자리에서 토끼를 잡아먹을 거예요. 그런데
배고픔을 참고 자신의 먹잇감을 짊어지고 갑니다. 어디로?
가족이 있는 곳으로. 이게 가족이죠. 먹는 것이 전부고
경제 문제, 출세 문제, 물질 문제만이 중요하다면 짐승들처럼
그 자리에서 잡은 먹이를 먹을 텐데, 왜 불타는 식욕을
잠재우고 그 무거운 것을 끌고서 자식과 아내 있는 곳으로
가는가. 이게 바로 사랑이고, 가족의 출발입니다.

—

애덤 스미스도 말하기를, 모든 것을 시장 원리에 맡겨두면
잘 돌아가지만 한 가지만큼은, 곧 가족은 다르다고 했습니다.
욕망들이 '보이지 않는 손'을 통해 시장을 번성하게 하지만
시장 원리와 다른 게 하나 있으니, 그게 가족의 원리라는
겁니다. 만약 어느 가정이 시장 원리대로만 움직이면,
그 가정에서 돈 못 버는 아버지는 쓸모없으니까 이혼당하고
내쫓기게 됩니다. 사랑이 없는 가정은 주식회사일 뿐이죠.

—

인간과 똑같이 생긴 크로마뇽인이나 네안데르탈인이 왜
사라졌는지 최근에 밝혀졌는데, 교육받을 기간이 없었기
때문이라고 합니다. 부모가 일찍 죽어 아이들이 어머니,
아버지의 행동을 학습하지 못한 겁니다. 학습해야 생존하는데
말이죠. 네안데르탈인처럼 오늘날 아이들이 부모에게
교육받지 못하면 인류의 자멸을 가져옵니다. 아무리 교육이
중요하다 해도 가족끼리 헤어지거나 가족이 붕괴돼서는
안 됩니다.

—

잘못이 있어도, 서운한 일이 있어도, 한 울타리 안에서 한
핏줄기를 나눈 가족끼리는 모든 것이 애정의 이름으로
용서된다. 즐거운 일이 있으면 같이 즐기고 슬픈 일이 있으면
같이 슬픔을 나누는 것이 가족의 '모럴moral'이다.

아버지

너희들을 키우기 위해서 아빠는 외치고
싶은 것이 있어도 제대로 외치지 못했다.
욕망이 있어 뛰고 싶어도 뛰지를 못했다.
너희들이 잠들어 있는 얼굴을 보면
아들이여, 다만 나는 너희들의 바람을 막아주는
병풍이 되어야 한다고 생각한 탓이다.
울타리를 지키다가, 부엌에서 끓는 찌개 냄비를
지키다가, 해마다 자라나는 너희들 바지를
장만하려다가 넓은 그 세계와 꿈도 이상도
진실도 조금씩 잃어버리고 말았다.
책상에 앉아 책장만을 넘기며 그 긴 세월을
넘겨왔을 뿐이다.

아들이여, 아버지의 검은 머리에,
하나둘씩 새치가 생겨나는 것을 보았느냐.
잠시 분노하다가 비굴하게 웃어버리는
아버지의 그 입술을 본 적이 있느냐.
주먹을 쥐다가도 바둑알을 잡듯 그렇게
힘없이 펴지는 손가락을 보았느냐.

어머니

나의 서재에는 수천수만 권의 책이 꽂혀 있다. 그러나
언제나 나에게 있어 진짜 책은 딱 한 권이다. 이 한 권의 책,
원형의 책, 영원히 다 읽지 못하는 책, 그것이 나의 어머니다.
그것은 비유로서의 책이 아니다. 실제로 활자가 찍히고 손에
들어 펴볼 수도 있고 읽고 나면 책꽂이에 꽂아둘 수도 있는
그런 책이다.

———

빈약할망정 내가 매일 퍼내 쓸 수 있는 상상력의 우물을
가지고 있다면, 그리고 내가 자음과 모음을 갈라내 그 무게와
빛을 식별할 줄 아는 언어의 저울을 가지고 있다면 그것은
오로지 어머니의 목소리로서의 책에서 비롯된 것이다.
어머니는 내 환상의 도서관이었으며, 최초의 시요,
드라마였으며, 끝나지 않는 길고 긴 이야기책이었다.

애칭

이름을 부를 때에는 문자와 달리 목소리에 담긴 감정이
중요한 역할을 한다. 지붕 위에서 죽은 자의 이름을 부를
때에는 김소월의 「초혼」 같은 시 한 편이 생겨나야 하지만
모든 사람이 시인이 될 수는 없다. 그래서 생겨난 것이
이름 외로 부르는 별명이나 아호 같은 것들이고,
그중에서도 가장 흔한 것이 이름을 줄여서 부르는 애칭이다.

집안에서는 아이들 이름의 끝 자만을 따서 "희야" "자야"라고
부른다. 한결 정감 있게 들린다. 가까운 사이일수록 딱딱한
정식 이름을 피하려 한다. 그래서 딸이 밤늦게 들어올 경우,
평상시 같으면 "희야" "자야"라며 딸의 이름을 줄여 불렀을
어머니가 갑자기 "이명희" "박순자"라고 이름 석 자를
다 부른다. 선생님이 출석부를 부르듯이 불과 두 자를 더 붙인
것인데도 분위기는 남풍에서 북풍으로 180도 달라진다.

지지

이 세상에 태어나서 맨 먼저 배우는 말이 '맘마'와
'지지'이다. 먹을 것을 줄 때에는 맘마라고 가르쳐주고
더러운 것을 먹으려고 하면 지지라고 말린다. 에덴동산에도
선악과가 있었듯이 아무리 귀여운 아기라도 금지의 언어는
있어야 한다. (…) 과장해서 말하자면 지지라는 말을
터득하고서야 비로소 사람이 되는 것이라고 할 수 있다.
가치의 판단, 질서와 규율, 욕망과 억제… 이러한 사회적
개념의 씨앗이 모두 이 지지라는 두 음절 속에 들어 있기
때문이다.

희생

진흙에 빠진 사람을 건져내려면 우선 자기 몸에 진 것이 묻을
것을 각오하지 않으면 안 된다.

상처

인간들은 상처를 통해서만 서로를 이해할 수가 있다.
예수가 인간과 결합된 것도 십자가에서 못 박힌 그 상처를
통해서였다.

소망

평생을 두고 빌고 빌어도 다 이루지 못할 소망, 비록
그것이 이루어지지 않는 것이라 해도 그런 마음을 가지고
세상을 살아가는 사람은 복된 사람이다.

무인도

먹을 것, 입을 것, 잠자는 것까지 무인도의 로빈슨 크루소는
혼자 힘으로 다 했어요. 일기도 쓰고 성경도 읽고 우산 같은
물건도 만들었지요. 하지만 함께 울어주고 함께 손뼉 칠
사람은 없었지요.
사람 없는 섬이었으니까.
그런데 로빈슨 크루소가 무인도에 와서 제일 놀라고 무서워
했던 것이 무엇인지 아십니까? 그것은 바로 해변 백사장 위에
찍힌 사람의 발자국이었지요. 무인도에서 제일 그리워했던
것이 사람이었는데 목마르게 찾던 것이 사람이었는데 막상
사람의 발자국을 발견했을 때 그는 호랑이를 만난 것보다,
사자를 만난 것보다 더 두려워했습니다.

야만인은 사람을 잡아먹고 문명인은 사람을 노예로 만들어
팝니다. 그래서 사람이 제일 무서워하는 것이 사람.
그렇지요. 무인도가 따로 있습니까. 천만 명이 사는 도시라
할지라도 사람의 발자국을 두려워하는 것. 그것이 바로
무인도인 것입니다.

타인

남을 놀라게 하는 것, 그것은 시인詩人의 본능本能만이 아니다.
남을 놀라게 하는 것으로 우리는 타인을 정복해간다.

—

영원히 타인의 마음을 알 수 없듯이 내 마음을 타인에게도
알릴 수 없다. 이 벽만으로도 우리는 한 감옥에서 살고 있는
것이다.

—

타인의 존재를 인식하는 순간부터 인간은 연기를 배운다.
누가, 대체 누가 배우의 운명에서 도피할 수 있을 것인가?

정체성

'스스로' 속에 진짜 '나'가 있다는 것은 아무도 부정하지 못할
것이다. 사람은 스스로 숨을 쉰다. 잠을 잘 때에도 눈과 귀는
감기고 닫히지만 코만은 멈추지 않고 숨을 쉰다. 늘 깨어 있는
것이 코이다. 숨통을 막으면 자기는 없어진다. 이 자율성과

지속성 그리고 억지로 꾸민 것이 아니라 자연스럽게 저절로
배어나는 자생력, 이것이 나의 정체성이라고 할 수가 있다.
그러므로 사람의 성격이나 자존심을 나타내는 말에는 으레
코가 따라다니기 마련이다. 콧대가 세다느니 코가
납작해졌느니 하는 말이 모두 그런 것이다.

순수성

눈물을 흘리는 동안에만 인간은 순수할 수 있다. 그런데도
그 순수성에 대해서 사람들은 모두 쑥스럽게 여기고 있다.

자아

내가 나로서 존재할 때만 이 대상도 또한 그 대상으로서 존재
할 수 있게 된다. 그것을 우리는 보통 자아라고 부른다.

—

근대의 자아라는 것은 너와 나를 쪼개는 데서부터 싹튼
것이지만 앞으로 올 시대는 외로운 자아가 타자와 융합하는
실존적 고통 위에서 열리게 될 것이다.

—

사회적 거리두기로 혼자 있는 시간으로 침잠하다 보면 진짜
나를 발견하게 돼요. 내면성이 강하고 시선이 안으로 향한
사람들은 방에 혼자 갇혀도 고독하지 않아. 하지만 평생 타인
지향적으로 살아온 사람들은 방에 갇히면 못 견뎌하지.

연대

생을 부조리로 보고 있는 실존주의에서는 연대의식을 통해
실존을 극복하려고 한다. 우리는 서로 떨어져 있고 각자가
외로운 별들처럼 제 생을 살고 있을 뿐이다. 그러나 개개인은
그러한 홀로 사는 각자의 의식, 각자의 고독을 통해서 서로
함께할 수가 있다. 겨울에 추위를 느낀다는 것은
내 추위이지만 동시에 겨울 속에 사는 모든 사람의
추위이기도 하기 때문이다.

영웅

발전을 필요로 하는 인간, 그의 행동을 위하여 보다 넓은
영역을 필요로 하는 인간, 이것이 히어로의 개념이다.
'히어로'는 현상을 받아들일 수 없는 인간이다. 그는 현재의
생활방식에 반대하는 그것을 곧 자유의 관념으로 삼고 있는
그런 인간이다.

고유함

도서관에 가보면 나보다 훌륭한 사람이 얼마나 많은데 무슨
얘기를 더 보태겠어? 다만 79억 지구인 중에서 나처럼
생각하는 사람은 나밖에 없다는 이야기를 하고 싶어요. 모든
사람은 각자 고유의 생각을 하고, 그 생각은 제각각 소중해요.

아이

'있다'는 존재론이고, '되다'는 생성론이지.
아무리 훌륭한 것이라도 만들어진 것은 이미
'있는' 거야. (…) 하지만 어린아이는 (…) 모든
것이 '되는' 생성론이지. 출발점에 있으니 모든
것이 될 수 있는 무서운 존재거든.

2장

꿈

태아도 꿈을 꾼다는데 그게 사실이라면, 우리는 그때 무슨
꿈을 꾸었을까. 지상의 꿈과는 분명 다른 꿈이었을 거다.
프로이트 같은 정신분석으로는 도저히 풀 수 없는 순수한 꿈.
초록색 바다의 꿈, 아니면 그냥 하얀 꿈이었는지 모른다.
축제의 불꽃처럼 일시에 생물들이 터져 나온 캄브리아기의
바다 꿈이었을까. 그보다도 먼 우주 대폭발의 하늘
꿈이었을까. 혹은 포악한 포식자들에 쫓기던 피카이아Pikaia가
땅으로 올라와 등뼈를 꼿꼿이 세우고 두 발로 일어서던
호모에렉투스의 장한 꿈이었을까. 이따금 저녁 퇴근길,
횡단보도에서 우두커니 신호등을 기다리다가 어머니의
바다를 생각한다. 그리고 더 이상 쫓기는 피카이아가 아닌,
구부러지는 나의 등뼈를 다시 곧추세우는 꿈을 꾼다.

돌멩이

벽돌은 뚜렷한 한 가지 의미를 가지고 있다. 그것은 벽을 쌓기
위해서 거기 그렇게 있는 것이다. 용도가 분명하고 기능이
뚜렷한 것이기 때문에 그 투명한 의미 앞에서 우리는
아무것도 주저하거나 걱정할 필요가 없다.
그러나 자연 속의 돌멩이는 그렇지가 않다. 우리는 돌멩이를
들어서 못을 박는 망치로 사용할 수도 있고, 혹은 다윗처럼
그것을 던져 적을 쓰러뜨리는 무기로 사용할 수도 있다.

우리는 돌멩이를 주워 화단에 올려놓을 수도 있고 김장독을
눌러놓을 수도 있을 것이다.

인간은 결코 하나의 의미와 목적으로 설명될 수 있는 도구가
아니다. 스스로 욕망을 갖고 끝없이 그 용도를 변경하고 어떤
의미를 향해서 끝없이 움직이고 있는 돌멩이다.

———

헤세의 말투를 빌려 이야기하자면 아무리 보잘것없는
돌멩이라 할지라도 그것은 위대한 것이다. 왜냐하면
이 세상엔 그와 똑같이 생긴 돌이란 하나도 존재하지 않기
때문이다. 생긴 모양, 빛깔, 그 질감과 무게… 만약에 그 돌이
이 지상에서 사라진다면 어느 것으로도 그 자리를
메울 수는 없다. 이 천지에 하나밖에 없는 것이므로 그렇게 돌
하나하나는 완성되어 있는 것이다. 따라서 그 존재의 의미도
남이 모방할 수 없는 독창성으로 충만해 있다.

낙원

지상에 낙원이 오리라는 희망은 없다. 다만 그 마지막 날까지
수인처럼, 고뇌의 낙인이 찍힌 몸으로, 서로 공감하고, 서로
아끼고 사랑해보자는 것이다. 이미 던져진 삶이니 슬프고
괴로워도 같이 참으면서 살아가자는 것이다. 화려한 꿈은
없다. 겸허한 이해에 선 조그만 계획이 있을 뿐이다.

의미

시인이나 작가는 반대어를 창조해주는 사람이다.
기쁜 것에 대해서는 괴로운 것을, 괴로운 것에 대해서는
기쁜 것을…. 그는 언제나 반대어를 만들어줌으로써
우리가 갖고 있지 않은 것을 우리들 앞에 보여준다.
그래서 그는 사물의 의미를 온전케 한다. 대낮으로 밤을 더욱
어둡게 하며 밤중의 언어로 대낮을 더욱 밝게 해주는 것이다.
이 반대어의 기능, 그것은 상상과 창조의 원초적인 작업의
첫발이다.

시선

짐승 가운데 사람의 눈을 제일 많이 닮은 것이 사자라고
한다. 초식동물들은 자기 발밑의 풀만 보고 다닌다. 그러나
초원의 사자들은 항상 먼 지평을 둘러보면서 살아간다. 같은
맹수라도 호랑이는 밀림에서 살고 있기 때문에 그 눈은 먼
데를 바라볼 수가 없다. 그 점이 호랑이와 사자의 다른
점이다. 백수의 왕이 되지 못한 호랑이의 약점이다. 사자의
눈은 무엇인가를 내다보고 있는 듯한 통찰력과 사물을
조망하고 있는 사색의 깊이를 지니고 있다. 두 발로
걸어다니는 인간만이 지닌 그 시선 같은 것 말이다.

손

탐욕한 손은 항상 무엇을 가지려고 움켜잡지만, 찾는 자의
손은 늘 열려 있지요. 우주의 모든 것을 받아들일 듯이.

—

손은 사랑의 상징이기도 하고 폭력의 상징이기도 하다.
애인의 머리카락을 애무하거나 혹은 친구의 손을 잡고
인사하는 그것은 한없이 부드러우며 따뜻하다. 그러나 갱
영화에서 사람을 죽이는 악당들의 손을 보면 무시무시한
공포감과 동물적인 비정감을 준다. 데스데모나를 애무하던
오셀로의 손은 또한 그녀의 몸을 죽이던 피의 손이기도 하다.

접촉

환자들처럼, 감기에 걸린 환자들처럼 자신의 삶을 살고 있는
사람들은 이마를 짚는 손을 그리워한다. 타인의 손을 구하는
것이 아니라, 생존하는 자신의 열기를 인식하기 위해서
우리는 삶의 머리맡에 남들이 조용히 참석해주기를 바란다.
그리고 그 싸늘한 손이 이마와 눈과 입술과 가슴속에
와닿기를 기대한다. 그 손의 차가움은 곧 내 이마의
뜨거움이다. 내 입술의 뜨거움은 곧 설목雪木의 가지와도 같은
차가운 그 손가락들이다.
그 접촉의 사이에 너와 내가 착석하는 존재의 빈자리가 있다.
너의 건강과 나의 병

너의 냉기와 나의 열기
너의 바깥과 나의 방
그 모순되는 반대어들이 하나의 동의어가 되고 서로 끌어안는
기적의 회랑이 있다.
감기는 이마를 짚는 손이다.
존재의 빈터이다.
환상의 회랑이다.

몸

자기와 가장 가까운 것이 자기 몸입니다. '나'라고 하는 것은
바로 내 몸을 뜻하는 말이기도 합니다. 그러나 자신과 가장
가깝다는 자기 몸을 자기가 보지 못한다는 것은
여간 큰 아이러니가 아닐 수 없습니다.
자신의 뒷모습이 어떻게 생겼는지 죽을 때까지 볼 수도
알 수도 없습니다. 삼면경으로 볼 수 있다고 할지 모르나
그것은 이미 거울에 비친 영상, 엄격하게 말해서 타자의
영상일 뿐입니다.

나이

'나이를 먹는다'는 것은 시간 속에 먹혀들어 가는 것이 아니라
거꾸로 시간을 적극적으로 내 생명 안으로 끌어들인다는
것이다. 그것이 슬픔이든 고통이든 늙음이든 한 사발의

떡국처럼 먹어버릴 때, 이미 그것은 내 신선한 혈관 속의
한 핏방울이 된다.

—

나이는 고독의 신장이며 고독은 그 연령이다.

미완

사람이 미완 상태의 불안한 존재라는 점은 우리의 일상
어법에도 고스란히 반영되어 있다. 가령
"너도 사람이야?"라고 할 때에는 반어법이다. 사람이
아니라는 말이다. 모양만 사람이지 사람이 갖춰야 할 인격,
품성을 가지고 있지 않다는 것이다. 이 경우 사람은 짐승에
가깝다. 또 실수를 저질렀을 때에는 "나도 사람이야!"라고
버럭 소리친다. 이때의 '사람'은 '과실을 할 수 있는
중간적 존재로서의 인간'을 나타낸다.
즉 절대적인 능력과 불사의 신격 그리고 동물과 같이
하위의 존재 그 사이에 인간이 존재한다고 보는 것이다.

이름

이름을 부른다는 것, 그것은 잠든 것을 일깨운다는 것이며
멀리 있는 것을 가까이에 다가서도록 하는 것이며 침묵하는
것을 말하게 하는 것입니다.

—

자기의 진정한 이름은 호적부에 등록되어 있는 것이 아니라, 남과 다른 얼굴, 남과 구별되는 목소리, 남과 대조되는 개성과 그 영혼 속에 길이길이 각인되어 있는 것이다. 수십억의 인간 가운데 나의 진정한 이름은 하나뿐인 것이고, 그것은 지문 같은 유일한 생명의 무늬에 의해서 호명될 수 있는 것이다.

—

한자의 이름 자 명名은 저녁 석夕에 입 구口 자를 합쳐놓은 뜻 글자다. 보통 밝을 때는 사람이건 물건이건 여간해서 이름을 부르지 않는다. 눈짓이나 손으로 가리키면 된다. 하지만 저녁이 되어 땅거미가 지면 눈으로 보던 대상은 갑자기 어둠 속에 침몰하고 만다. 손짓으로는 부를 수가 없다. 그래서 입으로 이름을 부르지 않으면 안 된다.

—

허공의 작은 별들에도 이름이 있고 외로운 초원에 피는 야생화에도 이름이 있다. 이름을 통해서 우리는 모든 존재를 내다본다. 그래서 사물이 있고 이름이 있는 것이 아니라 이름이 있고 사물이 있다는 역설적인 사상도 생겨난다.

상생

공생이 쌍방향을 잃게 되면 그것은 기생寄生이 되고 만다. 먹이사슬이 아니라 악의 사슬로 이어지는 공생도 마찬가지다. 부정한 공생은 끝내는 공멸의 구덩이로 빠져들고 만다.

그것을 잘 알고 있었던 우리 선조들은 공생이라는 생물학적인
용어를 쓰지 않고 '상생'이라는 말을 썼다.
상생은 일방통행적이거나 균형을 잃은 의존 관계가 아니다.
내가 살아야 네가 살고, 네가 살아야 내가 살아가는
'서로 살기'이다.

심술

따지고 보면 이 세상에 놀부 아닌 사람이 없다. 심술이란
인간이 지니고 있는 한 속성이기도 하다.
어린아이들이 노는 것을 가만히 관찰해보라. 남이 애써 만든
물건을 부수고 그들은 손뼉을 친다. '면종 난 놈 쥐어박기,
눈 앓는 놈 고춧가루 넣기, 이 앓는 놈 뺨 치기'의 놀부의
행위는 성인의 악이 아니다. 차라리 초등학교 학생 같은
귀엽기까지 한 순진한 악행이라고 보는 편이 옳다. (…)
인간은 무의식적으로 누구나 다 놀부인 것이다.

고슴도치

'고슴도치도 제 자식은 예뻐한다'는 말이 있습니다.
맹목성이라고만 할 것이 아닙니다. 만약에 고슴도치마저
제 자식을 밉게 생각한다면 고슴도치는 벌써 멸종되었을
것입니다. 고슴도치가 고슴도치를 사랑하고 자랑스럽게
생각하는 것은 종족의 존속 논리입니다.

그러나 그냥 사랑만 해서는 동물적인 사랑으로 끝나고
맙니다. 인간은 단지 종족을 보존만 하는 데서 만족하는
들쥐들과는 다릅니다. 아무리 정교한 것이라 해도 똑같은
육각형의 집을 짓고 만족하며 살아가는 꿀벌도 아닌
것입니다. 인간은 그 사랑의 힘으로 자신의 운명과 모습을
바꿀 줄 아는 고슴도치입니다.

이웃

이웃은 옆집에 사는 사람, 같은 고향 사람, 어린 시절을 함께
보낸 친구, 같은 민족, 같은 종교를 믿는 사람들만 가리키는
것이 아닙니다. 생명 앞에서 한 생명을 사랑하고 긍휼히
여기는 사람에게는 모두가 이웃이지요. 민족이라든가
혈통이라든가 이런 것을 넘어서는 생명에 대한 보편적 인식이
중요한 것입니다.

피플

영어의 '피플people'은 사람이라는 뜻이지만 그것이 동사로
쓰일 때에는 사람만이 아니라 동시에 '동물을 많이 살게 하다'
'서식하게 하다'라는 뜻도 된다.
동물이 살 수 있는 땅이 바로 사람이 살 수 있는 땅이다.

대화

대화는 엄격하게 말해서 너와 나로 가를 수 없다. 서로
생각을 나눈 것이기에, 다른 말로 하자면 융합한 것이기에
그것은 '나'와 '너'가 하나가 된 제3의 인격, 제3의 언어가
창조된 것이라고 할 수 있다. 부싯돌에서 튀는 불꽃처럼
두 개가 미주친 섬광, 그것을 읽어주기 바란다.

바가지

소박하고 단순하고 그러면서도 은근한 변화가 있는
바가지의 모양이야말로 한국적 미의 원형이라 하지 않을
수 없다. 한국인들은 요철이 심하고 뾰족한 여인의 얼굴을
좋아하지 않는다. 요사스럽고 덕이 없어 보이고 방정맞다
해서 혀를 차는 것이다. 바가지처럼 둥글고 수수한 얼굴을
복성스럽다 해서 이상으로 삼는다.

아침

아침을 인식하는 것이 곧 인간을 의식하는 것이었고
그 아침에서 출발하는 것이 곧 역사의 출발을 의식하는
것이다. 아침은 '시작'이다. '아침의 시작'은 '어둠'과 '밝음'의
혼례에서 태어난 신생아이다.

과정

사람은 태어나면서 사람인 것이 아니라, 끝없이
사람이 되어가는 존재다. 한 발 한 발 걸어가는
그 모습(人)은 바로 사람이라는 이 목표,
이상적인 인간상을 향해서 가는 형상이다.
그래서 겉만 사람, 생물학적으로만 사람이라고
지정하지 않는다. 인간은 완성체가 아니라 죽을
때까지 되어가는 과정의 존재, 즉 '비잉Being'인
것만이 아니라 '비커밍Becoming'이기도 하다.

전쟁

아이들은 평화로워 보여도 전쟁을 좋아한다.
'전쟁놀이'를 하는 아이들.
워즈워스의 무지개보다는 포화 쪽을 향해 아이들은
맨발로 뛰어가고 있다.

—

전쟁의 악덕은 청동青銅 화병을 부숴다가
포탄을 만든다는 데에 있다.

—

전쟁의 경험에서 보면 모든 것이 별게 아니다. (…) 포탄은
누구의 가슴에도 떨어지는 것이며, 그것을 맞으면 누구나
죽는 것이다. 성인도 악한도 똑같은 피를 흘리고 죽는 것이
총 앞에서의 평등이라는 것이다. 빌라도의 칼이 예수
앞이라고 무뎌지겠는가.
생명만이 아니라 아름다움이나 진리나 착함이나, 전쟁의
문맥에 놓고 보면 하나도 별 볼 일이 없고 별것일 수 없는
것이다.

탯줄

우리가 성장한다는 것은 어머니의 몸으로부터 조금씩 떨어져
나가는 의식이기도 하다.
그것이 나에게는 금계랍(염산키니네)의 맛일 것이다.

태어나는 순간부터 우리는 그 아픔을 겪어야 한다.
모태로부터 태어나는 순간 어머니와 연결된 그 탯줄을
끊어주지 않으면 안 된다. 어머니의 가슴에서 떨어져야 하는
이유도 마찬가지이다. 어머니는 자식을 위해서 금계랍의
맛을 보게 한다. 어머니의 사랑은 이런 고통을 자진해서
받아들인다는 데 있다. (…) 내가 금계랍의 쓴맛을 빨고
있을 때 어머니는 그보다 몇 배나 더 쓴맛을 맛보고 계셨던
것이다.

존재

기계가 시를 지을 수 있습니까? 기계가 정치 비판을 할 수
있습니까? 기계가 기계를 만들어낼 수 있는 설계를 할 수
있습니까? 그러니까 인간이라는 것과 창조력은 같다는 등식이
성립되는 것입니다.
생산성은 기계로 해내지만, 아주 쓸모없을망정 기계가
못 하는 일을 할 수 있는 창조력을 발휘하는 것이 인간이고,
그게 내가 살아 있다는 증거이며 표현인 것입니다.

증인

비는 4개월이나 내리고 있었다. 우수에 가득 찬 비가 아무것도
없는 쓸쓸한 바다 위에 4개월이나 내리고 있었다. 노아는
그 비 오는 날들을 견디고 또 견디는 아픔을 겪어야 했다.

차라리 죽은 자들은, 침몰한 자들은 홍수의 의미를 모른다.
단조로운 빗발 속에서 죽어가는 생명의 아픔을 모른다.
목격자의, 증인의 그 고통과 슬픔을 당신은 아는가? 구제는
차라리 형벌보다도 외롭고 쓸쓸한 것. 노아의 방주는 홍수의
밑바닥보다도 더 어둡고 답답한 것. 대체 노아보다도 더
불행한 사람이 이 인류 가운데 누가 있을까? 노아는 가장
행복한 사람이 아니라 가장 비통하고 슬픈 불행한 인간이었다.

지성

지성에는 비판과 분석은 있어도 사랑은 없다.

—

지성은 생산적인 것도 아니며 행동적인 것도 아니다.
다만 어떤 생산과 행동의 방향을 알려주는 힘이다.

—

지성은 획일적인 것이 아니라 다양한 것이다. 구호나
플래카드에 쓰인 문자처럼 단순한 언어의 껍질이 아니다.
별하늘처럼 불이 켜진 밤의 도시에는 크기와 강도와
그 색채가 각각 다른 등화가 영롱하다. 그것처럼 지성은
다양한 등화이다.

—

지성을 너무 복잡하게 생각할 필요는 없다. 지성은 퀴즈를
풀 듯이 사물의 수수께끼, 생의 질서, 자신의 행동을 따져가는

일이다. '왜?'라는 문을 따는 힘, 그 열쇠, 그것이 지성의
기능이다.

—

거리에 나가서 행동하는 것만이 행동이라고 생각하지
마십시오. 생각하는 힘, 지성의 힘이 얼마나 큽니까? 우리가
짐승과 다른 점이 무엇입니까? 달릴 때 빠르기로 치면
인간보다 타조가 빠르고, 힘의 세기로는 인간보다 사자가 더
강하지요. 인간이 강하다는 것은 생각할 수 있는 힘입니다.
이 생각하는 힘을 개발하자는 이야기입니다.
행동하지 않는다고 해서, 손에 망치를 들지 않는다고 해서,
고함치지 않는다고 해서 역사의 방관자라고 생각한다면,
그 생각이야말로 폭력입니다.

인생
프로메테우스는 앞을 바라보며 생각하고, 에피메테우스는
항상 뒤를 돌아보며 후회하지. 내 몸에는 이 두 신화의 형제가
살고 있어요.

타락
동물은 타락하지 않는다. 인간만이 타락할 수가 있고
인간만이 후회를 한다. 그 어둠에서 투명한 언어가,
그 탄식과 아픔에서 일찍이 어느 짐승도 가져보지 못한

영혼의 양식이 생겨난다.

천재
천재가 아닌 사람은 없어요. 모든 사람은 천재로 태어나고
그 사람만이 할 수 있는 일이 있어요.
그런데 이 세상을 살다 보면 그 천재성을 남들이 덮어버려요.

평범
공포든 즐거움이든 격한 감정은 다른 개인에게 전달되기
어렵다. 평범한 것만을 서로 이해할 수 있기 때문에
인간은 항상 평범한 것처럼 보인다.

죄인
스스로 자기가 죄인이라고 생각하는 사람들 가운데는 실은
아무 죄도 짓지 못하고 있는 자가 많다, 예수처럼…. 그것이
인생의 역설이다.

주체성
주어진 대로 사는 것은 인간이 아니야. 그건 짐승들이 그렇지.
짐승은 DNA 결정론이지만, DNA에서 벗어날 수 있는 재능을
가지고 있는 게 인간이야.

과잉

의사들이 말하기를, 하나님이 인간을 만들 때
우리 몸이 결핍을 보충할 수 있도록 생체 시스템을
만들었다고 합니다. 당분이 없으면 스스로
만들어내죠. 그런데 과잉은 넘치는 것은
버리지를 못하는 거예요. 그러니까 우리 몸이
모자라는 부분을 채우도록 설계되어 있지, 넘치는
것을 버리는 장치는 없어요. 그래서 인간이
과잉이 되었을 때는 속수무책이 됩니다.

생

천년만년 살 것처럼 착각하고 살아가고 있기 때문에 거꾸로
현대인은 '생'의 의미를 상실하고 있다. 그 때문에 세상은
메말라지고 그 죄악은 더욱 어둠을 더해가고 있는 것이다.
그러기 때문에 종말감 속에서 시작하는 사람, 죽음 속에서
시작하는 사람, 죽음 속에서 삶을 느끼는 사람만이 생의
완전함을 지닐 수가 있다고 나는 생각한다.

반려견

아무것도 믿을 수 없게 된 이 사랑의 파산자들이 안전한
애정의 투자 대상으로 발견한 것! 그것이 바로 충견忠犬이다.
절대로 배신당할 염려가 없는 그 '개'에 대한 사랑이다.
인간소외의 사회 속에서 유럽은 초라하나마나
이 '도그이즘'으로 고독을 달래고 있는 것인지도 모른다.
제단에 꿇어 엎드려 사랑의 향불을 태우던 그들은 이제
그 고독한 정열을 개에게 쏟아붓고 있는 것이다.

컴퓨터

아무리 슈퍼컴퓨터라고 해도 사람의 생각을 대신해줄 수는
없어. 사고의 주체는 인간이고 어디까지나 컴퓨터는 그걸
도와줄 뿐이지.

극치

여름의 정오_{正午}에는 모든 존재가 그 절정에 이른다.
바늘 끝 같은 햇살은 직립의 자세를 하고 공기는 그 운동을
정지한다. 그늘까지도 증발해버려서 모든 풍경은 그 입체성을
상실하고 추상화한다. 영혼도 육체도 하얀 구름처럼
허공 위에 뜬다. 생의 극치, 빛의 극치, 열기의 극치,
녹색의 극치… 죽음과 마찬가지로 존재하는 것의 극치 속에도
정적이 있다.

생존

하나의 나뭇잎이 흔들릴 때 나는 왜 살고 있는가를
알고 싶었다. 왜 이처럼 살고 싶은가를, 왜 사랑해야 하며
왜 싸워야 하는가를 나는 알 수 있을 것 같았다.
그것은 생존의 의미를 향해 흔드는 푸른 행커치프…
태양과 구름과 소나기와 바람의 증인_{證人}…
잎이 흔들릴 때, 이 세상은 좀 더 살 만한 가치가 있다는
생의 욕망에 눈을 떴다.

그림자

그림자는 존재의 단순한 흔적이 아니다. 오히려 존재에게
의미를 던져주는 어떤 문자다.

자의식

현대라는 이 시점이야말로 가장 좁고 험한 골짜기가 아니고
무엇이겠는가? 여기서 우리는 모두가 스핑크스를 대면하고
있고, 그것은 우리에게 풀리지 않는 어려운 수수께끼를
던지고 있는 것이다.
다만 오늘날의 그 스핑크스는 인두사신人頭蛇身의
괴기한 모습을 하고 있지 않다는 점만은 나르다.
그것은 높은 굴뚝을 가진 공장일 수도 있고,
권력자들이 모이는 어느 집회장일 수도 있고,
황금의 시장이거나 혹은 그 많은 이웃들의 얼굴일 수도 있다.
그것들은 묻는다. 인간의 존재, 그 존재의 비밀들을 묻는다.
현대의 그 수수께끼는 컴퓨터와 같은 정교한 기계를
가지고서도 답변하기 어려운 난문이다.
각자의 작은 그 영혼 속에 깃든 자의식
그리고 그 지성의 힘에 의해서만 오이디푸스처럼 떳떳이
대답할 수 있을 것이다.

씨앗

한겨울에 문득 우리는 자신이 하나의 나뭇잎처럼 외롭다고
느낄지 몰라도, 흙을 생각하면 생의 마지막이 죽음은
아니라는 걸 잘 알게 됩니다. 씨앗을 믿었던 사람들이기
때문입니다. 이러한 농부의 마음을 가지고 살 때, 우리들의

뿌리에 도달했을 때 우리는 영원한 것입니다.

실존

프랑수아 비용Francois Villon은 "유언서의 해설과 주석, 그리고
그 정의와 모든 서술, 유효기간의 설정은 그 자신의
자필이어야 한다"는 극히 법률 문서 같은 시구를 남기기도
했다. 유언은 대필을 할 수 없는 것이다. 자기 생은 남이
규정하고 대신해줄 수 없다. 이 구절에서도 우리는 비용의
시는 유언이고 그 유언은 자필이어야만 한다는 그 실존의
절규를 느낄 수가 있다.

—

초현실주의자의 그림에는 불안이 있다. 약속을 무너뜨리고
현실을 보면 당신은 불안을 느낄 것이다. 약속에서
만족하기보다는 이 불안의 땅으로 가라. 거기에서 실존하는
자신의 자아와 만나리라.

사람

'사람'이라는 말 자체가 '살다'라는 동사에서 나온 말이다.
'얼다'에 '음'을 붙인 것이 '얼음'이듯이 '살다'에다 '암'을
붙여 명사형으로 만든 말이 사람이다.

자식

어머니의 미소에는 사랑만이 아니라 슬픔과
아픔의 눈물이 존재한다. 이 세상에 나와서
탯줄을 끊는 그 아픔 말이다. 아이를 만나는
순간이 곧 아이를 떠나보내는 순간이다. 물린
젖을 떼고 채웠던 기저귀를 떼고 혼자 걸을 수
있도록 발걸음을 떼주어야 한다. 그렇게 해서
아이들은 걸어나간다. 내 품 안에서 밖으로
한 발씩 멀어져 간다. 그때마다 어머니의
눈물방울이 떨어진다.

—

네가 태어나던 날 나도 함께 이 세상에 다시
태어났다. 농담으로 하는 소리가 아니다. 네가
태어나는 순간 나도 아버지가 된 것이니까.

기억

기억은 술과도 같아서 시간 속에서 발효하고 변질된다.
기억이란 결국 시간이 낳은 또 하나의 사생아일 뿐이다.

　　　—

기억의 무책임성처럼 유쾌한 것도 없다.
내가 어렸을 때 건넜던 도랑물은 아마존 유역의 그
강물보다도 더 넓고 신비해 보였다. 내 기억 속의 숲들은
오늘날 보는 그런 숲처럼 푸른빛 일변도로 우거져 있진
않았다. 그것들은 유리로 만든 나무처럼 번뜩이고 마녀의
휘파람 소리 같은 이상한 소리로 서로 지껄이고 있었다.
지금 돌아가보는 그런 고향은 아닌 것이다. 기억 속의 고향은
좀 더 그 색채나 형태나 그 장소들이 장대하고 찬란하며
깊숙하다. (…)
이 기억의 편견과 고집이 있기 때문에 우리는 시간과 사물의
그 폭력으로부터, 저항이 불가능한 그 결정적인
지배력으로부터 벗어날 수가 있다.

　　　—

기억은 은행에 맡겨둔 예금액 같은 것이 아니다. 기억의
통장에 찍힌 낡은 문자들을 영원히 현찰로 바꾸지는 못할
것이다. 하나의 빛처럼 그것은 텅 빈 공간을 채우고 있을 뿐
존재하지도 않고 만질 수도 없으며 냄새를 맡을 수도 없으며
공작새처럼 가두어둘 수도 없다. 그것은 가둘 수 없는

공작새이다. 프리즘의 날개를 가진 형태 없는 새,
이 세상에서 가장 변덕맞은 새다.

—

기억은 단순히 사라져버린 시간을 저장하는 창고가 아니다.
그것은 포도주를 익히는 지하실의 어둠처럼 시간과 사건과
그리고 모든 의식을 발효시킨다. 그 속에서 기억의
포도알들은 일찍이 없었던 향내와 빛깔을 얻어내고 한 방울
한 방울에 여름 햇살과 들판의 그 사람들을 부활시킨다.

참을성

곰하고 호랑이가 쓰디쓴 쑥과 매운 마늘을 먹고 백 일을
지내면 인간이 될 수 있다고 해서 캄캄한 굴에서 견디는데,
호랑이는 성미가 급해서 참지 못하고 도망가버렸고
둔한 듯한 곰은 백 일을 견뎌 사람이 되었지요.
이 신화를 가만히 생각해보면 짐승과 인간의 차이를 한마디로
'참을성'으로 본 거지요. 짐승은 본능대로 배고프면 울부짖고
졸리면 그 자리에서 쓰러져 자고 하는데, 인간은 참을 줄
안다는 것입니다.
곰이 인간이 될 수 있었던 것은 바로 자기 자신을 자기가
견디면서 이길 줄 알았다는 것입니다.

인간적

인간적이란 말이 생기게 된 동기는 인간답지 못한 인간이 존재하고 있었기 때문일 것이다. 말하자면 '인간＝인간적'인 것이 못 되었기 때문이다.

그래서 전자는 그렇게 있는 인간을 뜻하는 것이고 후자는 그렇게 있어야만 하는 인간을 뜻하는 말이다. 생물로서의 인간과 당위적 인간의 구별이다. 그런데 오늘날 '인간적'이라는 말이 오히려 '인간답지 못한 인간'을 합리화하기 위해서 사용되고 있으니, 곧 이러한 말의 변화는 '있어야만 하는 인간'의 상실을 의미한다.

아우

4월에 죽은 내 아우야. 너는 죽은 것이 아니라 걷고 있다. 너는 죽은 것이 아니라 쓰러진 자리에서 일어나고 있다. 너는 죽은 것이 아니라 꽃처럼 다시 핀다.

등대

등대의 외로움이 있을 때 항해하는 배의 외로움은 사라진다.

—

등대는 사회로부터 소외되어 있는 곳에 있기 때문에 비로소 그 사회성을 발휘할 수 있다.

백지

백지의 공포, 그것은 자유를 직면했을 때의 공포다. 무한한
가능성 앞에서도 우리는 그것을 다 채우지 못한다. 한정되어
있는 존재이기 때문에.

식사

예수는 혼자서 다만 혼자서 외롭게 십자가에 못 박혀 죽었다.
모든 인간의 괴로움, 원죄의 무거운 짐을 혼자서 걸머지었다.
길에서 십자가를 같이 짊어지자고 했을 때에도 그는 그것을
거부하였다. 그러나 식사만은 혼자서 하지 않았다. 그는
여럿이 자리를 같이해서 먹기를 희망하였다. 그것이 바로
〈최후의 만찬〉이었다. 죽음을 홀로 감수하는 사람조차도 빵을
먹고 술을 마시는 데만은 타인이 필요했던 까닭이었다.
예수의 십자가 옆에는 최후 만찬의 또 다른 식탁의 의미가
있었다는 것을 잊어서는 안 된다.

———

음식을 먹는다는 것은 '인간사' 가운데 가장 즐겁고
사랑스러운 일이다.
메닌저 박사의 설을 따르자면 사람이 함께 모여 식사를
한다는 것은 사랑을 교환하는 가장 원초적인 형태라는 것이다.
갓난아이가 이 세상에서 제일 먼저 사랑을 느끼고 사랑을
표현하게 되는 것도 다름 아닌 음식(어머니의 젖)을 통해서다.

어머니와 자식의 사랑이 '젖줄'로 맺어지듯이 인간과 인간의
사랑이 '식사'를 통해서 무의식적으로 교환된다는 것은
단순한 역설이 아니다.

거리

어쩌면 '나와 나 사이'에 (이렇게) 거리가 없어서 나 자신의
모습을 좀처럼 들여다볼 수 없는 건지도 몰라. 어떤 대상을
관찰하려면 어느 정도 거리가 필요한 법이잖아.

—

거리를 측량하는 자는 여러 가지다. 인간과 인간의 거리는
정으로, 신과 인간의 거리는 믿음으로, 자연과 인간의
거리는 문명으로 그리고 나라와 나라와의 거리는 외교로
측량된다. 사물 간의 거리가 없어지면 인간 활동의 모든 것도
소멸되고 말 것이다.

인간관계

인간관계는 부조리하다. 내가 잘해주려고 해도 어떤 때에는
상처를 주고, 상처를 주려는 것이 오히려 그 사람을 잘되게
만들기도 한다. 그래서 인간관계는 깜깜한 밤중에 날아오는
돌처럼 도무지 알 수가 없는 것이다.

옆모습

사람의 뒷모습을 보면 언제나 슬픈 생각이 든다. 축 늘어진
어깨, 이지러진 뒤통수와 주름진 목덜미… 어딘지
비극적으로만 보인다.

그러나 사람을 정면에서 쳐다보면 언제나 증오와 불안이
앞선다. 많은 비밀을 간직한 듯한 입술, 배신의 칼날을 품은
눈동자, 그리고 불완전한 나선형의 귀… 사람을 정면에서
보면 무엇인가 도전의 감정을 일으키게 한다.

사람의 뒷모습에는 과거가 있고 그 정면에는 현재가 있다.
감상적인 과거와 불안한 현재가….

그리하여 언제부터인가 나는 뒷모습도 앞모습도 아닌
프로필(옆얼굴)을 좋아하는 습속을 가지게 되었다.

프로필… 거기에서 나는 과거에서 미래로 향한 동적인 모습을
느꼈던 것이다.

거기에는 부정과 긍정이, 애상과 환희가 겹쳐져 있다. 아무리
미운 사람도 그의 '프로필'만은 사랑할 수 있을 것 같다.

단수

아무리 가까운 사이라고 할지라도 생명의 차원에서는 남이
될 수밖에 없습니다. 어쩔 수가 없어요. 아무리 사랑하는
사람이라도 숨이 넘어갈 때 내가 옆에서 무엇을 할 수
있습니까? 우두커니 바라볼 수밖에 없습니다. 그렇게

사랑하는데 저 사람이 숨 쉬는 게 내가 숨 쉬는 것 같고
저 사람이 웃는 것도 내가 웃는 것 같은데, 감기만 걸려도
내가 대신 아파해줄 수 없다는 것을 알게 됩니다. 그의
기침을 대신해줄 수가 없거든요. 민족이든 국가든 가족이든
마지막에 남는 것은 그저 외톨이인 '나' '싱글single'
'단수單數'란 말입니다.

형제

형제는 인간관계를 형성하는 가장 기초적인 단위라고 볼 수가
있다. 그러기 때문에 인류의 사랑이나 불화를 옛사람들은
형제간의 우애와 갈등으로 비유하는 일이 많았다.

인仁

공자님이 어질 인仁 자는 풀이를 안 해줬어요. 정의를 안 한
거야. 왜? 정의했다가는 큰일 나. 왜? '인'이라는 것이
사이인데, 사이라는 게 수천수만 가지 경우니까 얼마나
많겠어. 절대라는 건 하나니까 정의가 돼. 주먹을 정의해봐.
주먹은 그냥 정의하면 돼. 그런데 가위바위보 할 때의 주먹을
정의해봐. 가위랑 만나면 이긴 주먹인데 보자기랑 만나면
진 주먹이야. 그러니까 사이는 정의할 수 없어.

핑계

인간에게서 세 가지 악조건을 제거한다면 누구나 아름다울 수 있다. 그 세 가지란 핑계, 모략, 폭력이다.

운명

우리 시나리오가, 내 인생이, 여기 이 자리에 함께 있기 때문에 다 바뀌는 거예요. 여러분들이 바뀌면 옆 사람의 삶도 바뀌는 거예요. 이렇게 해서 전 세계 사람들이 얼굴도 모르고 이름도 모르지만, 우리가 이 자리에 함께 있는 '우리'가 되는 순간 세계가 바뀌는 것이죠. 모르는 사이에. 이렇게 생각해보면 내가 우리가 될 수 있는가 하는 문제는, 알든 모르든 우리는 모든 사람과 얽혀 있기 때문에 오늘 내가 이 자리에 있고 이 시간에 있다는 그것 하나만으로도 역사가 바뀌고 운명이 바뀌는 겁니다.

거리두기

코로나 이후 '사회적 거리두기'를 하잖아. 거리두기를 하면서 우리는 평소 잊고 있던 '거리'를 자각하기 시작했지. 나와 타인과의 거리, 개인과 집단과의 거리, 국민과 국가와의 거리, 자국과 타국과의 거리, 생과 사의 거리, 디지털과 아날로그의 거리 같은. 모든 타자와의 거리를 발견한 것이지.

이야기

지식이나 지혜가 있다고 해서 '호모사피엔스'요, 도구를
만들어 쓸 줄 안다 해서 '호모파베르'라고 하는가. 아닙니다.
몰라서 그렇지 과학기술이 발전한 오늘날에는 그런 것이
인간만의 특성이요 능력이 아니라는 점이 밝혀졌습니다. 어떤
짐승도, 유전자가 인간과 거의 차이가 없다는 침팬지도
밤하늘을 바라보면서 별 이야기를 만들어내고, 땅과 숲을
보며 꽃 이야기를 만들어낼 수는 없습니다. 짐승과 똑같은
동굴 속에서 살던 때도 우리 조상들은 인간이 살아가는
현실과는 전연 다른 허구와 상상의 세계를 만들어냈습니다.

영혼

내가 이 우주의 유일자란 것을 알고 있는 사람은 장작 하나를
패도 그 도끼 소리에 자신의 영혼을 담은 음악소리를 낼 수
있을 것이다.

길

타인과 영원히 같이 걸을 수 있는 길이란 없다. 혼자 걸어야
하는 길, 미아처럼 울면서 혼자서 찾아다니는 길.
그것이 바로 고독한 인간의 자아일는지도 모른다.

3

문명 : 불완전한 동물들

결핍

인간은 가장 불완전한 동물이다. (…) 인간에게는 독수리의
날개도 없으며 사자의 강한 힘과 이빨도 없다.
심지어 고양이만 한 날카로운 발톱도 없고 타조처럼 뛸 수
있는 긴 다리도 없다.
추위 앞에서는 따뜻한 털을 가진 앙고라 토끼만도 못한 것이
바로 인간이다.
그러나 이런 결핍과 불완전성이 있기 때문에 인간은 끝없이
무엇인가를 만들어내고 보완하는 기술과 문명을 만들어내는
존재가 된 것이라고 할 수 있다.

도구

어떤 사람은 칼로 사과를 깎아 먹는가 하면, 또 어떤 사람은
칼로 사람을 찔러 죽이기도 한다. 인간의 마음이나 그
사용 방법에 의해서 도구의 마지막 의미가 결정된다. 활과
하프는 같은 뿌리에서 생겨났지만 하나는 살육의 피를 흐르게
하고 또 하나는 생명의 아름다운 선율을 흐르게 한다.

원동력

사실 자전거를 타고 있는 사람을 자세히 관찰해보면 희극적인
요소가 없지 않다. 하반신은 100미터 경주를 하듯 바쁘게
움직이고 있는데 상반신은 소파에 앉아서 낮잠이라도 자듯

편안하다. 그 부조화 그리고 그 모순 속에 현대 문명의
희극성이 숨어 있다.

앉아서 뛰는 것, 말하자면 뛸 때도 편안히 앉아 있으려는
그 게으름과 모순적인 꿈을 실현하기 위해서 인간은 마차를,
수레를, 자전거를, 오토바이를, 이윽고 자동차를 만들어냈다.
그리고 편안하게 앉아서 스피드를 누리자는 엉뚱한 의욕이
근대 문명을 이끌어온 원동력이었다.

공존 게임

바위는 가위를 이기고, 가위는 보를 이기고, 보는 다시 바위를
이긴다. 금, 은, 동메달과 같은 수직적·계층적 구조와는 다른
원형의 순환구조를 이룬다. 절대 승자도 패자도 없다.
'삼자견제'의 역학관계에서는 절대적인 강자는 존재하지
않는다.

길

길은 문명의 상징이며, 인간과 인간이 교통하는 사회의
척도다. 길 없는 사회란 고도孤島의 사회를 의미한다. '로마'의
부흥은 '길'에서 비롯된 것이다. 세계의 길은 로마로 통한다고
했듯이 로마 시민은 길을 정복하여 세계를 얻었다.
'내'가 '너'로 향하고 '네'가 '나'로 향하려 할 때 길이 생기는
법이다. 그것은 결합이며 통일이다.

혁명

『성서』를 보면 아담과 이브가 에덴동산에서 쫓겨 나올 때
하나님이 가죽옷을 한 벌씩 만들어 입히신 것으로 기록되어
있다. 앞을 가린 자연 그대로의 나뭇잎이 가죽옷으로 바뀐 것.
이것이 바로 인간이 경험한 첫 개혁의 세계요, 그 최초의 기술
문명이 바로 가죽의 기름을 빼는 무두질이었다. 무두질
단계에 오면 이미 개혁과 혁명은 피 냄새만으로는 안 된다는
사실을 알려준다. 어쩌면 피를 흘리며 생가죽을 벗기는
일보다 오히려 그 가죽이 굳지 않도록 부드럽게 하는 작업이
훨씬 더 중요하고 힘든 기술이라는 것을 알게 된다. 가죽을
벗기는 작업은 칼로 할 수 있지만 가죽을 부드럽게 하는
무두질은 그런 물리적 힘만으로는 안 되기 때문이다. (…)
척 늘어져 있는 타성이나 사회의 이완을 팽팽하게 펴고
고치는 것, 그래서 살아 있는 탄력을 주는 것이 바로
그 개혁과 혁명 속에 들어 있는 혁革 자의 의미인 것이다.

개척자

모델, 샘플 등의 본보기들은 일종의 정보이다. 정보 가운데
가장 중요한 것은 할 수 있다는 것을 보여주는 것이다.
우리가 자전거를 탈 때 계속 넘어져도 끝까지 연습해서
성공을 하는 것은 자기 눈앞에 자전거를 타고 다니는
사람들이 있기 때문이다. 그렇지 않으면 두 바퀴 달린

승용물은 탈 수 없는 것이라는 선입견의 지배로 한번
쓰러지면 다시 탈 생각을 하지 않을 것이다. 우리가 공업화에
자신감을 가졌던 것은 비록 거친 방법이기는 했으나 성공을
한 몇 개의 선례를 남겼기 때문이고 그런 선례를 만들어낸
개척자들이 이 땅에 있었기 때문이다.

우연

일하는 손은 정치적 권력, 경제적 재력, 사회적 계층의
신분에 따라 정해진다. 그 게임에서는 반드시 힘 있는 자가
이긴다. 그러나 우연이 지배하는 공간, 예측 불가능한
카오스의 어둠을 향해 내미는 가위바위보의 손 앞에서는
더 이상 아무런 힘도 발휘하지 못한다. 제아무리 제왕이라
해도 평민에게 질 수 있다.

평등

자유를 방종으로 착각하듯이 평등을 무등, 무서열로
오인하기 쉽다. 뱀의 머리가 강을 건너야만 꼬리도 따라서
강을 건넌다. 머리와 꼬리가 강 한복판에서 서로 물고
늘어지면 그 자리에서 맴돌게 마련이다. 그것은 평등도
상생도 아닌 공멸일 뿐이다.

아름다움

이라크 북쪽 샤니다르 동굴에서 수만 년 전에
살았던 네안데르탈인의 무덤이 발굴되었습니다.
그 옛날 원숭이와 다름없었던 그들이 죽은 자를
위해 무덤을 썼던 것이지요. 그런데 더욱
놀라운 점은 그 무덤 속에서 꽃가루가 나왔다는
것입니다.
그것도 그 근처에서는 피지 않는 꽃, 아주 먼
곳에 가야만 딸 수 있는 그런 꽃이라 했습니다.
대체 어느 짐승이, 어느 원숭이가 죽은 자의
무덤을 만들고 그 위에 아름다운 꽃을 뿌릴 줄
알았겠습니까. 이것이 바로 인간과 원숭이의
차이입니다.

꽃을 아는 원숭이가, 슬픔과 기쁨을 꽃으로
노래할 줄 아는 원숭이가 인간이 된 것이지요.
황홀한 눈으로 꽃을 바라보았을 때 그 향기로
숨을 쉬었을 때 비로소 그 짐승의 가슴에는
인간의 피가 흘렀던 것입니다. 꽃의 아름다움이
발톱이나 이빨보다 더 강한 힘을 주었습니다.

신발

신발처럼 상징적인 것이 없어요. 문화이면서도 자연이에요.
신발을 신는 행위의 상징성은 나의 한 독립성, 즉 내가
인간으로서 '내가 누구냐'에 대한 최초의 해답이면서 동시에
나 아닌 자연, 모든 짐승, 식물, 그 모든 것과 어울리는
접촉점이기도 합니다.

옷

옷은 인간의 역사다. 아담과 이브가 에덴의 낙원에서
추방되자마자 의상을 걸치는 습속이 생겼고, 그 순간부터
인생의 역사가 시작되었다.

신대륙

순수한 모험 정신이 하나의 신개지를 열면 다음엔 군대의
정복자들이 그 새로운 땅을 길들이고 마지막엔 상인들이
황금을 긁어 온다. 서양은 이런 공식으로 세계 앞에
군림해왔다. 신대륙 발견이란 어디까지나 서양 사람 중심으로
생각한 말이지 미 대륙에서 살고 있던 아메리칸인디언들에겐
'발견'이 아니라 '침입'이었다. 결코 물속에 파묻혀 있던
대륙을 끌어내온 것은 아니었으니 말이다.

디지로그

디지털 세계와 아날로그 세계는 분리된 게 아니라 서로
어울리는 거예요. 인간과 비생명, 유물과 유신, 혹과 백 등과
같이 이항으로 대립된 세상을 이어주는 것이지. 인터넷과
현실의 갭이 무너지면서 서로 단절되는 것이 아니라
상호 협력하게 되는 것이에요.

——

'생명의 속도와 정보의 속도를 어떻게 조정하고 조화시킬
것인가'가 디지로그 이론의 최종적인 해답입니다.

——

디지털과 아날로그의 변환은 마치 뽕을 갉아먹는 누에와
같아. 누에가 뽕을 갉아 먹으면 식물계의 자원이 곤충의
동물계로 이동하는 것이지.

——

왜 아침은 이렇게도 아름다운가. 아직 그 빛 속에 어둠이
남아 있기 때문이다. 저녁노을은 왜 이렇게도 아름다운가.
다가오는 어둠 속에 아직 빛이 남아 있기 때문이다.
빛과 어둠이 엇비슷하게 존재하는 아름다운 세상. 그것이
한국인이 오랫동안 참고 기다렸던 그 공간이다. 디지털과
아날로그가 만나는 기분 좋은 시간, 한국인의 시간이다.

——

두고 보라. 디지털과 아날로그의 대립하는 두 세계를 균형

문명: 문화전환 동물문

있게 조화시켜 통합하는 한국인의 디지로그 파워가 미래를
이끌어갈 날이 우리 눈앞에 다가오게 될 것이다.

생명

생명은 항상 보편화하거나, 시스템화하거나, 통계 숫자화하면
사라신다. 생명의 체험은 숫자화할 수 없기 때문이다.

——

생명의 가치는 그 무엇도 대신할 수 없는 절대권력을 가져요.

생명자본주의

모든 분야에서 산업자본, 금융자본을 생명자본에 의해서
바꿔가야 한다. 위기의 태풍 속에서 산업자본이나 금융자본이
더 이상 제 기능을 하지 못해 시장이 마비되었을 때, 그것을
뚫고 나가는 힘은 바로 이런 눈에 보이지 않는 생명자본이다.

——

'돈을 위한 돈에 의한 돈의 자본주의' '물질을 위한 물질에
의한 물질의 자본주의'를 '생명을 위한 생명에 의한 생명의
자본주의' '사랑을 위한 사랑에 의한 사랑의 자본주의'로
탈구축하자.

——

생명자본주의 사회란 생명 가치가 보편적 문화로 반영되고
물질적인 가치가 아닌 공감과 기쁨이 상품이 되는 그런

사회예요. 산업자본, 금융자본을 지나 생명자본으로
자본주의의 속성이 바뀌면 남을 기쁘게 하는 직업,
남을 도와주는 일, 자기 취미를 살린 즐거운 일을 하면서
돈을 버는 사람들이 많아질 거예요. 수탈과 착취의 경제가
증여의 경제로 바뀌는 것이지.

법

입법은 미래의 시간을 다룬다. 앞으로 일어날 일들을 위해서
법을 만들고 예산을 심의한다. 그러므로 의회 안에서
전개되는 그 심의의 언술은 추정과 예견 그리고 설득의
언어들로 이루어진다. 앞을 내다봐야 하는 언어이기 때문에
과거의 규범만 가지고는 새로운 법을 만들어낼 수가 없다.
고정관념이나 관습을 깨야 한다. 이것이 제대로 이루어지지
않을 때 플루타르코스Plutarchos의 말처럼 의회는
'현자가 발언하고 우자가 결정을 내리는' 기관이 되기도 한다.

폭력

지성이 잠들어 있는 곳에 폭력의 어둠이 온다.
'그것이 아니다' '그것이 옳다' 부단히 자기 자신을
현시顯示해가기 위해선 순간순간을 싸늘한 결단으로
이어가야 할 것이다.

물불

물과 불은 분명히 상극한다. 물은 차갑고 불은
뜨겁다. 물은 하강하고 불은 거꾸로 상승한다.
그런데 물의 영혼은 반대로 김이 되어 하늘로
승천하고 불의 영혼은 재가 되어 거꾸로 땅속에
묻힌다. 그런데 이렇게 대립하고 갈등하던
물불이 조왕님이 계신 부엌에 들어오면 놀라운
조화의 힘으로 밥을 짓고 국과 찌개를 끓인다.
프로메테우스에 대한 일방적인 믿음은
지구온난화라는 재앙을 일으켰지만, 불과 물이
같이 있으면 이와는 다른 현상이 벌어진다.
상극은 상생으로 변해 날것도 아니요, 탄 것도
아닌 맛있는 문명의 밥상이 차려진다.

싸움

분쟁은 어린애들이 타고 노는 시소와 같아서 균형을 잃었을
때만 활발해지는 게임이다.

전쟁

전쟁의 의미는 포화가 튀는 일선의 고지보다도 황폐해진
어린이 놀이터에서 더 실감할 수 있다.

—

전쟁을 거부하기 위해서는 그 전쟁에 대비하는 또 하나의
전쟁을 생각하지 않으면 아니 되는 아이러니가 우리의
현실이다.

—

전쟁은 너의 노래가 시작되는 데서 비로소 끝난다.

기계

기계는 단지 반복할 뿐입니다. 생명적인 순환의 의미를
갖고 있지 않습니다. 곤충의 변신과 경이에 찬 그 계절의 변모
같은 것을 기계의 세계에서는 발견할 수 없습니다.

—

기계는, 모든 도구는 사용하지 않을 때에는 자동적으로
재빨리 사물성을 회복합니다. 그러기 때문에 방패나 칼은
싸울 때에만 무기일 뿐, 평화로울 때에는 조각과 마찬가지로

문명: 불완전한 동물들

벽의 장식물이 되는 것입니다.

개화

서양인들은 개에게 옷을 입히듯이 이민족에게 자기 문화를
강요하는 것이 문명화라고 생각했다. (…) 자기네들의 종교를
믿으며 자기네들과 같은 방식으로 생각하는 것이 개화요,
현대화라고 생각했다. 인디언에게 예수를 믿게 하는 것이
그들의 애호였던 것이다.

나무 심기

중국의 나무 심기는 한자의 휴休 자처럼 쉬는 데 있고 미국의
그것은 먹는 데 있다. 나무에서 그늘을 찾으려는 것은 마음의
풍요를 위한 것이고 나무에서 열매를 얻으려는 것은 물질의
풍요를 얻기 위해서이다.
언뜻 생각해보면 중국 사람의 나무 심기 정신은 비생산적인
게으름으로 보이기 쉽다. (…) 하지만 쉬는 것을 비생산적인
것이라고 생각하는 것은 잘못이다. 아무것도 하지 않고
쉰다는 것, 마음을 비우고 있는 자유로운 시간을 갖는다는 것,
인간에게 중대한 전기를 마련해준 것은 대개가 다 이런
나무 그늘에서 생겨난 것이라고 할 수 있다.

숫자

숫자는 벌써부터 슬픈 현실을, 인간의 불모성不毛性을
잉태해가기 시작했던 것이다. 어떠한 사물에도
숫자가 닿기만 하면 핏기가 사라져버린다. 병풍의 나비도
화단의 꽃들도 모두 없어지고 숫자의 부호만이 남는다.

—

디지털은 손가락을 의미하는 라틴어 디지투스digitus에서
유래한 것이다. 가위바위보를 의미했던 디지티스와 어원이
같다. 과학의 여왕이라고 일컬어지는 수학을 탄생시킨 것은
인간의 손가락이었다. 각각 다섯 손가락을 가진 양손으로
수를 셈으로써 숫자가 지배하는 엄밀하고 객관적인 냉정한
세계를 구축했다.

—

숫자는 비교 의식이라는 것과 축적蓄積이라는 것을 동시에
가르쳐준다. 숫자는 많은 비극의 씨앗을 잉태하고 있다.
숫자는 분쟁을 낳는다.

—

인간은 양이 아니라 질의 세계까지도 숫자로 나타내려 한다.
이젠 인간의 기능까지도 IQ라는 숫자로 측정해내고 있다.
통계나 퍼센티지로 저울질하는 인간의 마음은 고깃간의
그 쇠고기처럼 저울대 위에 오르고 있는 것이다.

—

사물을 셀 때 우리는 그 사물의 본질을 보지 않는다.
다만 그 개수만을 본다. 여기 열 사람이 있다고 할 때
거기에는 개성의 얼굴이란 게 존재하지 않는 것이다.

사과

세상에는 세 개의 사과가 있다. 아담의 사과와 뉴턴의 사과와
빌헬름 텔의 사과이다. 아담의 사과는 종교를 낳았고,
뉴턴의 사과는 과학을, 텔의 사과는 정치를 만들어냈다.

묘지

미아리의 공동묘지는 자연이 인간을 사멸하게 한 것이며,
동작동의 국군묘지는 인간의 역사, 말하자면 인간 그것이
인간의 생명을 빼앗은 흔적으로 남아 있다. (…)
자연이 일으키는 사건, 그것의 책임은 신이 져야 한다.
그러나 역사가 저질러놓은 이 현실의 모든 사고는
인간이 져야만 할 책임이다. 그러므로 미아리의 비석들은
하늘을 향하여 항거하고 있지만 동작동 국군묘지의 십자가는
이 대지를 향하여, 역사를 향하여, 바로 그 인간들의 심장을
향하여 항변하고 있다.

지혜

지식이 문명을 해결한다 해도 영적 존재인 인간의 마음은

절대 해결하지 못합니다. 그것을 해결하는 게 지혜입니다.
지혜가 문화를 낳고, 지식이 문명을 낳습니다. 우리는 지금
달나라까지 갈 수 있는 지식을 쌓았지만 지혜에 관한 것은
깜깜한 것이죠.

문명: 불완전한 동물들

주인

아무리 못나고 힘이 없어도 한 사람 한 사람은 모두 자기 몸의
주인이다. 그것이 바로 주체主體라는 것이다. 아무리 가난하고
초라한 집이라고 해도 그 중심에는 누구도 그 자리를 침범할
수 없는 그 집 주인이 있다. 그것이 바로 호주戶主이다.
마찬가지로 작은 나라라 할지라도 남이 이래라저래라 할 수
없는 그 나라의 운명을 결정하는 줏대라는 것이 있다. 그것이
주권主權이다. 이렇게 주인, 주체, 줏대, 주권과 같이 주主 자가
붙은 말들은 개인이나 가정이나 국가나 그 중심에서 타오르고
있는 소중한 불심지인 것이다.

휴대전화

산업시대를 대표하는 자동차와 정보문명을 상징하는
휴대전화를 비교해보면 우리도 모르는 사이에 도구에서
신체로, 소유에서 접속으로, 실체에서 관계로, 사물에서
마음으로 세상의 가치와 기능의 축이 이동 중이라는 사실을
실감할 수 있다.

번성

한 마리 양을 가진 사람이 말이야, 자기도 99마리
양을 가질 수 있다는 꿈을 갖고 열심히 일하는
사회에 살아봐. 그리고 이번에는 99마리의
양을 가진 사람이 한 마리 양을 가진 사람을
배려하는 사회를 생각해봐. 언젠가 그 사람도
자기처럼 99마리의 양을 갖게 되리라는 것을
믿고 있는 거야. 그러자면 초원이 부족해.
그러니 양이 늘어도 모두가 넉넉하게 풀을 뜯어
먹을 수 있도록 더 넓은 초원을 찾아 나서. 그런
사회에서만 자본주의는 꽃피울 수 있어.

크로스오버

MIT의 한 교수는 이렇게 얘기한 적이 있습니다. 날이 갈수록 MIT 공과대학은 디즈니랜드처럼 되어가고 디즈니랜드는 MIT를 닮아간다고 말입니다. 미국 동부 지역의 디즈니랜드에는 아이들 놀이시설만이 아니라 세계 최고의 과학관이 들어서 있습니다. (…) 인터넷의 네트워크 사회, 디지털 혁명의 인터랙션interaction 패러다임 변화 속에서 살아가는 정보사회에서는 경계 파괴와 크로스오버가 일어납니다. 내뱉는 숨과 들이마시는 호흡으로 인간이 살고 있는 것처럼 문명의 숨결도 일원론이냐 이원론이냐 하는 것으로는 따질 수 없는 하나이자 둘인 양의적 관계를 지니게 됩니다.

국가

음악을 지은 사람은 음악가이고 그림을 그리는 아름다움 속에서 살아가는 사람들은 미술가이다. 숫제 글을 짓는 소설가들에게는 그냥 작가作家라고 부르기도 한다. 그래서 어느 소설가가 직업란에 '작가'라고 썼더니 집 짓는 목수냐고 묻더라는 우스갯소리도 있다. 예술가들만이 아니다. 창조적인 일을 하는 사람들에겐 모두 집 가家 자가 붙어 있다. 정치를 해서 이름을 얻고 기업을 일으켜 성공을 하면 정치가, 기업가라는 호칭으로 불린다.

그리고 이러한 집들이 모여 가장 큰 집을 지은 것이
나라의 집, 바로 국가國家이다. 그래서 나라를 그냥 국國이라고
하지 않고 집 가 자를 붙여 국가라고 한다.

경쟁
경쟁심이 악덕일 수는 없다. 문제는 그 방법이다.

—

경쟁의 세계에는 단 두 마디 말밖에는 없다.
이기느냐, 지느냐.

인간론
인간이 태어난 후부터가 아니라 태어나기 전의 모태로부터
이야기하자는 것이 내 인간론과 생명론의 출발점인 것처럼
인간 문명의 탄생 역시, 농경 이전 선사시대의 채집시대부터
찾아야 한다는 것이 내 주장인 거지요. 유발 하라리가
『사피엔스Sapiens』에서 잠시 스치고 간 적이 있지만, 인간이
유인원으로부터 갈라선 350만 년, 호모사피엔스가 출현한
시기로부터 쳐도 150만 년 동안 수렵과 채집을 하면서
살아왔습니다. 석기시대의 농경문화라야 1만 년을 넘어설까
말까입니다. 그런데 인간은 농경시대만을 문화·문명으로
생각해왔지요.
살린스 같은 학자가 『석기시대 경제학Stone Age Economics』을

발표하여 충격을 주었지만, 앨빈 토플러의 경우처럼
문명이라고 하면 농경시대부터 따져요. 그래서 정보사회가
제3의 물결이 되는 것이지요. 그러니까 자연히 학문하는
사람들, 과학자들은 화석이 없으면 있어도 없는 것이지요.
그런데 산삼을 캐온 한국의 심마니나 바닷속 전복과 소라를
따온 해녀들은 살아 있는 화석들인 게지요.

이별

유목민들은 양 떼를 몰며 풀을 좇아 늘 밖으로 나간다.
그리고 페니키아나 바이킹 같은 해양 민족들은 늘 바다로
배를 타고 나가야 살 수 있다.
이를테면 산다는 것이 곧 이별이고, 이별이 있어야 먹을 것이
생기는 전통 때문에 그것을 그렇게 두려워하지 않았다.
그런데 농경민은 밭이나 논에 곡식을 심고,
그것이 영글 때까지 떠나서는 안 된다. 그러니까 이별한다는
것은 죽음이다. 떠나 산다는 훈련이 되어 있지 못한 것이다.

총

역사적 현실로 볼 때 목적이 수단을 지배한 일보다는, 거꾸로
수단이 목적을 결정짓는 일이 허다했음을 우리는 보아왔다.
말하자면 나쁜 수단을 사용하면 그 목적 자체도 변질돼버리고
만다는 이야기다. 수단은 목적을 상실케 한다. 어떤 전쟁 치고

그 목적이 나빴던 때는 없다. 살생이 목적이 아니라 평화가
목적이라고 한다. 그들은 인간의 자유와 사랑을
지키기 위해서 총검을 들어야 한다고 생각했다.

전쟁코드

코드가 다른 전쟁은 공작새와 칠면조의 싸움처럼 비참한
결과를 낳는다. 공작새끼리 싸울 때에는 진 쪽이 항복의
표시로 머리를 내미는 것으로 끝이 나지만 칠면조와
싸울 때에는 코드가 달라 머리를 내밀어도 계속 쪼아댄다.
그럴수록 상대편은 항복의 표시로 계속 머리를 내밀어 피해가
더욱 커진다.

적

적을 뜻하는 영어의 에너미enemy는 무시무시한 말이 아니다.
꼭 죽여야만 내가 사는 대상이 아니다. 어원으로 보면 단지
사랑이 없는 남, 친구가 아니라는 뜻밖에 없다. 그러니까 적을
사랑하면 친구가 될 수 있다.

평화

폭력을 증오하는 열정 없이 어떻게 폭력을 이기는 문화를
만들어낼 수 있을 것인가. 말은 어디든 뛸 수 있는 힘이
있어야 한다. 그러나 그 방향을 설정하고 그 진로를 판단하는

지적 대응이 없다면 폭력과의 싸움은 평화의 땅으로 이르지
못하고 맹목의 늪 속에서 헤매게 될 것이다.

자유

인간이 만든 여러 가지 제도 중에 민주주의를 신봉하는
이유는 그것이 비록 결함이 많고 비능률적이며 또 완전하지는
않을지라도, 자기모순을 발견하고 끝없이 고쳐갈 수 있는
선택의 자유가 있기 때문입니다.

리스크

인간은 안전보다 능률을 택한 벤처 동물이다. 네발로 기는
것보다 두 발로 일어서서 걷는 것이 빠르다. 점프가 가능하고
춤을 출 수도 있다. 두발자전거는 세발자전거보다 스피드가
있고 회전도 용이하다. 글라이더는 고장 날 엔진이 없어
안전하지만 절대로 초음속으로는 날 수 없다. 가장 위험한
비행기만이 가장 빠르게 날 수 있다.

정보

정보시대의 특성은 '정情'이다. 문자 그대로 풀이하면 정情을
알리는 것報이 정보情報다.

—

정보는 무엇인가. (…) 정답은 공기다. 숨이다. 어떤 이념,

어떤 부, 그리고 어떤 권력도 공기는 독점 못 한다.
내가 숨 쉬는 이 공기는 조금 전 바로 남의 허파 속에
들어 있던 공기다. 정보는 적의 정세가 아니라 사람을
끌어안는 정情이요, 그것을 알리는 보報다. (…)
'독점에서 나눔으로' '소유에서 접속'으로
그리고 '이념에서 정보로' 가는 것이 진짜 '정보혁명'이며
'개혁정치'라는 것을 알면 된다.

———

정보의 최종 가치는 정보 자체의 품질보다는 그것을 믿느냐
믿지 않느냐로 결판이 난다. 물질로 된 제품은 품질로 승부를
한다면, 정보통신은 믿음으로 승패가 결정난다.

공유
정보화 시대의 민주주의란 단 한 가지로 요약될 수 있다.
온 국민이 다 같이 정보를 공유하고 사는 것.
그것이 바로 민주주의다.
군주제로부터 시작해서 나치, 공산주의 등
망해버린 나라의 공통 특징은 국민의 눈을 멀게 한 데 있다.
개방의 시대는 시장의 개방만을 의미하는 것은 아니다.
개방은 개안으로 모든 사람이 눈을 뜨고 밝은 세상을 보는 데
있다.

인공지능

'내가 인공지능과 경주하면 바보지만 내가 말을
이기듯이 인공지능을 올라타면 되는구나'라고
해야 하는데, '인공지능보다 내 머리가 똑똑하지
않다. 그러니 노예 된다'라고 합니다.
여러분 생각해보세요.
사람보다 똑똑하려고 인공지능 만드는 거지
사람보다 못하려면 뭐 하러 인공지능 만들어요?
사람보다 똑똑하지 못한 인공지능 어디다 쓰려고
그걸 만들어요?

민주주의

공포는 대상이 분명할 때 생기는 것이고 불안은 대상을
모를 때 생겨나는 것이기 때문에 불안을 주는 정치권력과는
투쟁하기도 힘들다. (⋯) 정치사에서는 총검의 공포정치와
색안경의 불안정치가 늘 교체하고 순환해왔다. 감독관의
시선 없이 수험생들이 각자 자신의 명예를 걸고 자기 감시를
하는 오너 시스템을 만들어줄 때 자유롭고 개방된 진정한
민주주의의 꽃은 핀다.

—

어떤 정치 세력도 민주주의의 물결을 거부하거나 막을 수
없다. 하지만 그것이 '민民'을 갈라 특정화하거나 민중에
영합하거나 신분과 지위의 전도를 목적으로 한 단순한
하극상으로 잘못 비칠 때 오히려 민주주의는 만종을 울린다.
링컨이 민주주의라는 말을 아끼고 정치적 구호로 이용하지
않으려 했다면 아마도 그것은 민주란 말이 또 하나의
지배언어가 되는 것을 경계했기 때문인지 모른다.

—

민주주의의 목적을 달성하기 위해 반反민주적 수단을
달성하고 있는 모순이 바로 20세기의 모순이다. 목적으로
내세운 민주주의가 가짜든 진짜든 따져볼 필요는 없다.
왜냐하면 설사 진실로 민주주의를 목표로 삼고 있다
하더라도 그 수단이 반민주주의여서는 절대로 민주주의의

문명: 불안정한 동물들

꽃은 피어나지 않기 때문이다.

라이벌
적은 제거하는 데 그 궁극적 목적이 있지만 라이벌은
공존·공영하는 데 그 최종의 목표가 있다.

정치
정치는 말을 모는 것이 아니다. 말이 물을 마시도록 하는
힘이다.

—

정치, 그것은 인간의 본능까지도 바꿔버리는 현대의 신이다.

—

정치를 거꾸로 읽으면 '치정'이 된다고 말한 시인이 있었다.
정치가 거꾸로 되면 그야말로 치정 사건처럼 추문과 싸움과
파탄을 낳는다. 정치의 정政 자에 정正이라는 글자가 들어 있는
것도 그 때문일 것이다. 그리고 그 옆의 문攵 자는 손에
회초리를 든 모양을 본뜬 것으로 '똑똑 두드리다' '치다'와
같은 뜻을 가지고 있다. 그래서 정치의 정은 채찍을 들어
올바르게 다스린다는 뜻을 갖는다.

손
세상에 손처럼 묘한 건 없다. 짐승에 있어서는 앞발이지만

인간은 직립동물이라 그만 이 앞발이 손이 된 것이다.
한가로운 이 앞발을 그냥 놀려둘 수 없다는 점에서 인간들은
그것을 가지고 별 장난을 다 치기 시작한 것이다.
그리하여 인간의 문화가 생겨나게 된 것이다.

오솔길

꼬부랑 고갯길은 나무꾼이 만든 게 아니다.
가장 먼저 다람쥐 같은 작은 짐승들이 나무와 나무 사이를
지나고 토끼가 바위와 바위 사이를 지나간 흔적이다.
작은 짐승, 큰 짐승 들이 다닌 발자국 따라 오솔길 하나가
생긴 것이다. 오솔길이 열리고 노루나 사슴이, 샘물 찾아온
발굽이 그것을 다져준다. 바위가 있으면 피하고 웅덩이가
있으면 돌아가고 골짜기가 있으면 넘어간다. 생물들이 만든
생명의 곡선들이다. 피하고 돌아가고 그 발자국을 따라
꼬불꼬불한 꼬부랑길을 낳은 길, 그와 정반대되는 것이
로마 가도요, 나폴레옹의 길이요, 히틀러의 아우토반 그리고
미국의 대평원을 가로지르는 하이웨이 시스템이다.
니체가 그걸 알았나 보다.
"영원의 오솔길은 굽어 있다"라고 말한 걸 보니 말이다.

곡선

서구의 문명은 자연의 곡선을 기계적인 직선으로 바꿔놓은

작업이라고 할 수 있다. 꾸부러진 길을 바로 펴서 그들은 아우토반 같은 고속도로를 만들었고 그것도 부족해서 결국은 무한한 직선으로 달릴 수 있는 비행기에 의존했다. 비행기야말로 곡선에 대한 직선의 승리다. 아무리 터널을 뚫고 아무리 교량을 놓아도 길은 그냥 직선일 수만은 없다. 대자연의 곡선은 끝내 그것을 가로막는다.

노이즈

얼핏 보면 문명은 일단 혼란부터 부르는 것처럼 보이죠. 예를 들어 산업사회에 철도가 놓였죠. 근데 말 타고 잽싸게 내달리는 열차 갱gang이 느려터진 열차에 올라 손님들 지갑을 싹 털어갔죠. 그렇다고 다시 역마차를 탑니까? 아니죠. 열차 갱은 열차를 더 빨리 가게 만들었어요. (…) 모든 것이 노이즈noise가 있기에 발전하는 겁니다.

부패

부패는 생명의 적이다. 부패를 막기 위한 투쟁, 그것이 인생의 전 생활이었는지도 모른다.

—

생선이 부패한 것은 그 썩은 냄새로 알 수 있고, 인간이 부패한 것은 호화로운 생활의 향수 냄새로 알 수 있다.

—

인간을 부패하게 하는 세균은 권력과 돈 그리고 명성이다.

노동

그동안 문명은 노동에서 활동으로가 아니라 활동에서
노동으로 역류했다. 모든 노동자들을 활동하는 시민으로
만드는 것이 아니라 모든 시민을 자기 생계를 위해 일하는
노동자로 만들고 있다. 정치 활동이 정치 노동으로 변해
부패를 낳았고, 예술의 창조 활동이 노동으로 변질해
남는 것은 작품이 아니라 먹는 것이 된다.
21세기 한국 정치의 최대 과제는 분명하다. '먹는 것이 남는
사회'를 '보람과 꿈이 남는 사회'로 개혁하는 일이다.

진실

그리스어로 진실의 반대말은 허위나 거짓이 아닌 망각이에요.
거짓된 것은 망각 속에 다 묻히니 살아남는 기억만
진실한 것이란 뜻이지.

—

점쟁이나 예언자 가운데 눈먼 소경들이 많다.
눈이 멀었기 때문에 남들이 보지 못하는 것을
더 잘 볼 수가 있다.
그래서 "눈을 감아라, 그러면 그대는 보게 되리라"라는 격언도
생겨나게 된다. 성 테이레시아스가 외견外見의 세계를

빼앗긴 장님이었기 때문에 도리어 깊은 진실을 보다 깊이
이해할 수 있었던 것처럼 베토벤은 청각을 상실했기 때문에
더 많은 소리를 들을 수 있었다고 바그너는 말한다.

망각

망각은 죽음보다 더 무서운 것입니다. 한 개인만이 아니라 사
람들이 모여 사는 하나의 공동체가 자기네들이 살아온
역사를 망각한다면 그 집단은 무너지고 말 것입니다. 기억을
새겨두고 저장해두지 않으면 그 역사는 죽고 그 사회는
시들고 맙니다.

선善

선이란 단순한 성격일 수는 없다. 그것은 하나의 가치이며,
인간에게 작용하는 힘이며, 내일의 역사를 만들어가는
에너지여야만 한다.

민중

굴욕을 피해서 있기보다는 굴욕을 고쳐서 대치하는 태도가
진정 역사 속에서 사는 한 인간의 양식이라고 할 수 있다.
또 그러한 노력이 있었기에 인간의 역사는 폐쇄에서
개방으로, 소수자의 부당한 압제에서 공평한 민중의 시대로
옮겨왔다고 할 수 있다.

비전

미래 학자들 말이 틀리는 이유 알아?
그들은 언제나 '이런 세상을 만들자'가
아니라 '이런 세상이 온다'고 말해.
하지만 미래는 오는 게 아니라 만드는 거야.
그렇다고 역사가 하루아침에 바뀌지는 않지.
그 비전이 천천히 오더라도 오늘 그것을
보여줘야 해.

출연: 불안정한 동물들

희망

지금 보세요. 코로나 걸리고, 저출산이고, 사람 목숨이
아무것도 아닌 그러한 유물적인 세계가 판을 치는 시대에서
새천년에 가장 큰 구제의 소리는, 천사의 소리는,
희망의 소리는, '응애' 하고 우는 저 생명의 소리.
그것이 인류의 문명을 가져올 것입니다.

21세기

21세기와 지난 세기가 가장 다른 점은 모든 생명이
관계 속에서 이루어진다는 점이다. 하나의 생명은 반드시
다른 생명과 깊은 관계를 맺고 있다.

3장

미래

우리는 안다
미래의 문명은 어머니 누님의 반짇고리 같은
상자 안에서 나온다는 비밀을
남들이 버린 작은 것들을 몰래 모아
지성의 바늘, 감성의 여러 색실로
마르고 꿰매고 이어서 내일 입을 옷을 짓고,
새 문명의 조각보를 만들어내는
여기 이 어머니의 작은 반짇고리 속에서
태어난다는 것을

4

사물: 일상의 재발견

사물

사물의 뜻은 당신의 걸음걸이를 멈추게 할 것이다.
꽃의 의미를 아는 사람이 꽃의 곁을 그냥 스쳐 지나갈 수
없는 것처럼.

가구

이상스럽게도 가구는 낡아질수록 사람을 닮아간다.
사물은 뜻이 없는 물건이지만 사람과 함께 오랫동안 살면서
손때가 묻게 되면 생명감을 풍기게 된다.

책

한 권의 책을 읽는다는 것은 바로 나그네가 한 마을을 지나는
것과 같은 일이라고 나는 생각한다. 세계문학을 읽는다는 것,
그것은 세계와 인류의 마음, 안개에 싸인 신비한 그 상상의
나라를 떠돌아다니는 긴 여행이다.

—

책, 그것은 어느 책이든 인간의 현실이 아니라 추억일
따름이다.

차茶

차 맛은 따로 있는 것이 아니다. 누구와 함께 마시느냐로
그 맛이 결정된다.

다이아몬드

나는 다이아몬드가 탄소 동위체라는 사실을 알고 얼마나
절망했는지 모른다. 어떤 아침 이슬보다도 더 찬란하고,
어떤 백합화보다도 순결한 그 다이아몬드가 하나의 숯에
지나지 않는다는 사실은 분명 서글픈 아이러니가 아닐 수
없다. 그처럼 귀족적인 다이아몬드의 고향이 실은 천하고
더럽고 검은 숯검정에 지나지 않는다는 사실에서 우리는
무엇을 연상할 수 있을 것인가? 백작 부인이 된 창녀,
벼락부자가 된 넝마주이 그리고 하루아침에 권력자로
둔갑해버린 폭력자, 메이크업을 하고 스크린에 나타난
인기 배우와 같은 존재들. 허망한 그 모든 것이 변조된
얼굴의 역사이다.

활

활이라면 좋겠다. 백발백중으로 표적을 맞히는
그 옛날 필록테테스의 활이라면 정말 좋겠다. 힘껏 잡아당겨,
과녁을 향해 쏜다. 우리들의 언어는 빛처럼 날아갈 것이다.
물의 정화력을 가지고 불의 정복과 바람의 변화를 가지고
언어는 화살처럼 허공을 날아간다. (…) 이 허무 속에서,
아! 깃발처럼, 과녁을 뚫는 생명의 그 승리를 볼 것이다.

계단

인간은 위에 오르기 위해서 계단이라는 것을
만들었다. 한 층 한 층 올라가는 층계는 정신이나
행동의 한 과정을 보여준다. 아무리 바빠도
그것은 비약이나 생략을 용서하지 않는다.
열 개의 계단에는 열 개의 고뇌와 그것을
극복하는 열 개의 시련이 있는 것이다. 한 층
한 층이 하늘을 향한 문과도 같은 것이어서
계단은 근본적으로 탑과 구별될 수가 없다.

계단

계단은 오르기만 위해서 있는 것도 아니다.
올라가는 계단은 동시에 내려가는 계단이기도
하다. 같은 계단이면서도 위에서 내려다보는
계단과 아래에서 올려다본 계단은 어쩌면
그렇게 다른 것일까? 땅을 향해 조금씩
하강해가는 계단은 신을 떠나서 제 스스로의 길을
찾아 내려가는 인간의 뒷모습 같은 것이었다.

탑

아파체타는 자라나는 탑이다. 무거운 짐을 멘 끝없는
나그네의 긴 행렬처럼 아파체타의 돌도 늘어만 간다.
그 돌의 높이만큼 어깨의 짐이 가벼워진다. 그러기에 그들은
긴 여로에도 쓰러지지 않는다. 많은 밤을 지나서 언젠가는
정말로 짐을 푸는 목적지에 이를 수가 있다.
페루의 풍속을 닮은 당신이여.
주저앉지 말라.

거울

자기가 자기를 만나는 '무無'의 장소, 그 정적의 시간,
거울은 하나의 함정이다.

———

거울은 '소리'를 거부한다. 그러기에 거울 속에는 동작이
있을 뿐 '시간'이란 것이 없다.

시계

밤에 듣는 시계 소리는 왜 슬픈가? 무의식적으로 죽음을 향해
다가가는 시간의 발자국 소리를 듣고 있기 때문이다.

서재

서재가 어두울수록 영혼은 밝아진다.

낮잠

잠은 밤에 자는 것이다. 그러므로 낮잠은 변칙의 잠이다.
낮잠의 쾌락은 바로 그 때문에 생겨나는 것인지도 모른다.

낮섦

낯선 곳은 하나의 새로운 세계를 의미하는 것이며,
불안의 자리를 의미하는 것이며, 뜻하지 않았던 새로운
영상에 대한 발견을 의미한다.

불

부딪침…. 원시인들은 이 부딪침의 원리 속에서
불이라는 것을 발견했다. 그리고 오늘날의 인간들도
그 원리 속에서 생의 불꽃을 얻는다.

난리판

전쟁은 이기고 지는 것으로 종식이 되지만 난리는 물난리라는
말처럼 복구를 해야만 끝이 난다. 어지러운 것이 다시
정상적인 제자리를 찾고, 흩어졌던 사람들이 다시 만나지
않으면 난리판은 사라지지 않는다.

공

공, 굴러가는 구체. 천체의 운행과도 같은 신비한 의지.

창窓

창문은 어둠과 빛의 경계에 있는 상처다.
그것이 닫히기만 하는 것이라면 벽과
다를 게 없고, 그것이 열리기만 하는
것이라면 허허벌판의 한데와 구별될 수
없다. 그러기 때문에 창은 이것이냐
저것이냐의 흑백논리로 설명될 수 없는
보다 깊은 존재의 심연 속에 위치해 있다.
—

창을 가리키는 영어의 윈도window는
'바람의 눈Wind+Eye'이라는 뜻에서 나온
말이라고 합니다. 집에 창이 있다는 것은
영혼에 눈이 있는 것처럼 아름다운 일입니다.
우리는 똑같은 바람의 눈, 영혼의 눈으로
세상을 보고 배웁니다. 왜 학교를 배움의 창,
학창學窓이라고 하고 왜 옛 친구를 동창同窓이라
불렀는지 이제야 알 것 같습니다.

창을

북

북은 속이 비어 있기 때문에 울린다.
인생은 허무하기에 도리어 힘차게 울릴 때가 있다.

—

북소리는 심장의 고동 소리와 가장 닮았다.
그러므로 북을 두드리면 생명이 약동한다. 어째서 인간들이
전쟁터에서 북을 울렸는지를 생각해보라.

비석

비석에 쓰인 글자를 지우는 것은 비바람이 아니라 망각을
잘하는 인간들의 마음이다.

—

비석은 썩지 않는 시체이다.

판도라의 상자

판도라의 상자나 우라시마 타로浦島太郎의 상자는 다 같이
인간에게 실망과 불행을 주었다. 신화 속에서만이 아니라
지금도 사람들은 미지의 상자를 열고 싶어 한다.
그것이 굳게 닫혀 있을수록, 그 속에 들어 있는 것이 무엇인지
알 수 없을 때일수록 사람들은 상자를 열고 싶어 한다.
그것은 호기심이며 기대이며 불안이며 가진 것이 없는
마음의 공허이기도 하다.

글라스
작은 글라스 속에 바다보다 깊은 사색이 깃들일 수도 있다.

—

투명하고 정교한 아름다운 글라스를 보면 술을 따르기 위해
그것이 만들어진 것이 아니라, 그 글라스가 있기 때문에
술이란 것이 생겨난 것 같은 마음이 든다.

러브레터
전화 시대의 인간은 글을 써도 전화를 하듯이 그렇게 쓴다.
오로지 필요한 뼈만 남기고 살은 모두 잘라내버린다.
이렇게 해서 편지의 시대는, 문자의 시대는 지나간다.
이렇게 해서 러브레터의 시대는 가고, 영원한 서약의 시대는
가고 그 대신 전화벨 소리가, 하루를 약속하는 거래의 전파가
문을 두드린다.

전화
연애편지의 낭만을 빼앗아간 산문가.

비둘기
인간들이 비둘기를 평화의 상징으로 내세우게 된 그때부터
비둘기들은 진정한 평화를 상실하고 말았다.

때

나무는 뿌리에서 잘려 목재가 된 후에도 숨을 쉰다.
플라스틱과 달리 나무에는 시간과 함께 때가 끼고 온기가
배는 법이다. 사람의 몸처럼 자기 내부에 체온 같은 일정한
열기를 품고 있다.

그렇기 때문에 조선조의 나무로 된 가구들은 몇 대씩 대를
물려오면서, 사람의 목숨보다도 더 오래 남아 작은 전설들을
만들어내고 있는 것이다. 그렇다. 분명히 그것들은 단순한
소비품이 아니라 어제와 오늘의 인간들을 이어주는 시간의
빛나는 다리였다.

때는 나무의 체온이었고, 기억의 언어였고, 시간과 정이
괴어 있는 늪이었다. 그러나 광택의 시대, 때조차 제대로
묻지 못하는 플라스틱 시대의 가구들에게 있어서 시간이란
단순한 소모이고 벗겨버려야만 할 때 그 자체에 지나지
않는다.

맛

맛은 설명할 수 없을 때 더욱 맛있다.

목욕

목욕은 두 가지 극단적인 행위이다. 하나는 때 묻은 정신을
씻는 행위이며, 또 하나는 정신에 때를 묻히는 행위이다.

연필

구르지 않고 손에 잡기도 편한 것이라면 원과
사각형의 중간, 여섯 모난 연필이 가장
좋습니다. 그래서 옛날이나 지금이나 여섯 모로
된 연필이 제일 많습니다. 둥글게 살면
원만하다고 하지만 자기주장이 없고
자기주장만 하면 모가 나서 세상을 살아가기
힘듭니다. 네모난 연필도 아닙니다. 둥근
연필도 아닙니다. 여섯 모난 연필로
나의 인생을 써가십시오.

띠

허리를 죄어 바지를 내려가지 않게 하는 것만이
띠의 구실이라고 생각해서는 안 된다.
허리띠는 정신을 죈다, 정신이 흘러 내려가지 않도록.

곰팡이

장마철에는 곰팡이가 슨다. 그와 마찬가지로 인간의 의식
속에서도 곰팡이가 피는 그런 홍수의 시각이란 게 있다.

무지개

사람의 마음과 보는 눈에 따라서 제각기 무지개의 색깔 수가
달리 나타나듯이 세상은 꿈꾸는 대로 그 빛이 달라진다는
것을 오늘도 무지개는 우리에게 가르쳐준다.

바늘

바늘의 길은 안방으로 향해 있습니다. 그 길에는 아이를 낳고
기르며 끝없이 갈라지는 것, 떨어져나가는 것, 그 마멸과
단절을 막아내는 결합의 의지가 있습니다. 바느질은 칼질과
달리 두 동강이가 난 것을 하나로 합치게 하는 작업입니다.
바늘의 언어는 융합과 재생의 언어로 구성되어 있는 것이지요.

술

술은 가장 육체적인 것이며 동시에 가장 영적인 것이다. (…)
술은 잠재되어 있는 것을 끌어낸다. 그러기에 인간을
긍정하는 자, 왜곡되지 않은 자연을 숭배하는 자,
현실의 한계를 넘어서려는 자, 그들의 기도는 한 방울의 술에
의해서 성취된다.

숨바꼭질

아이들이 숨바꼭질을 한다는 것은 일상적인
생활공간으로부터 비일상적인 공간을 향해 도망가려는
욕망의 꿈을 나타내려는 것이기도 하다. 여러분도 그런
기억이 있을 것이다. 숨바꼭질을 하다가 광이나 다락 속에
버려진 물건들을 발견했을 때의 가벼운 그 흥분 말이다.
이미 못 쓰게 된 나사못이나 이상한 딱지가 붙어 있는
빈 병들, 겉장이 뜯겨나간 퇴색한 책들, 다리가 부러진
의자와 고장 난 연장들, 그것은 무용한 것들이기 때문에,
생활공간에서 멀리멀리 잊힌 것이기 때문에 하나의
장난감처럼 우리의 마음을 사로잡는 것이다.

놀이

무용한 곳에서 무용한 사물과 만나는 것, 거기서 진짜 놀이가
생겨나는 것이죠.

거꾸로

본 적이 있는가. 심심할 때 아이들이 이따금 허리를 굽혀
가랑이 사이로 풍경을 바라보는 것을… 혹은 철봉대 위에
박쥐처럼 거꾸로 매달려 세상을 바라본다.
누구나 어렸을 때 그런 장난을 해본 경험이 있을 것이다.
가랑이 사이로 내다본 풍경은, 거꾸로 매달려서 바라본
세상은, 전연 색다르게 느껴진다. 세상은 더욱 아득하게
보이며 사물들의 윤곽은 지금껏 바라보던 그것보다 훨씬
아름답고 신선하고 뚜렷하게 보인다.

빵

우리는 일상생활에서 빵 없이 지낼 수 없다.
그런데 그 빵은 어디서 왔을까?
그것은 눈처럼 흰 밀가루로부터 만들어진 것이다.
밀가루는 또 물레방앗간에서 밀을 가루로 빤 것이다.
한 조각의 빵에도 얼마나 존귀한 인간의 땀이 흐른 것일까….
들녘에서 가을걷이하는 농민의 자태를 보고는
이 감동을 새삼 느끼지 않을 수 없다.

모자

모자는 권위주의의 상징이다. 인간은 모자를 발견한 순간부터
권위의 노예가 되었다.

터

건축에서 제일 중요한 것은 터다. 아무리 좋은
집을 지어봐야 터가 좋지 않으면 소용이 없다.
(…) 눈에 보이는 건축을 믿지 말고, 그것이
어디에 서 있는지를 봐야 한다. 인간도 그렇다.
옷 입은 것이나 생김새가 중요한 게 아니라
나의 터, 내가 뿌리내린 기본 근간이 가장
중요한 것이다.

4장

상호 보완

끓어오르는 김이 있기에 밥은 비로소 익을 수 있다.
그러나 또 그 김을 누르는 솥뚜껑이 있기에 밥은 밥이 될 수
있는 것이다. 밥이 끓는 것을 보고 있으면 김과 솥뚜껑은
대립적인 힘처럼 보이지만, 사실은 상호 보완적 관계라는
것을 알 수 있다.
솥뚜껑을 너무 열어도 안 되고 꽉 닫아두어도 안 된다.
밥이 끓을 때에는 약간만 젖혀놓아야 한다.

약

우리 주변에서 가장 많이 볼 수 있는 것은 소화제족族이다.
덮어놓고 먹어대는 인생, 욕심을 인생의 제1장으로 삼고 있는
사람들이다. 그들은 남보다도 한 숟갈이라도 더 많이 먹기
위해서 살아간다.

요리

요리의 본질은 물과 불의 모순을 조화시키는 기술이라고도
할 수 있지요. 물과 불 사이에 걸쳐진 냄비의 매개물을 통해서
그것들은 이 삶의 오묘한 미각을 창조해내는 것입니다.
그것은 물을 끌어다가 불을 끄는 소방수들의 작업과는
다릅니다. 두 개의 대립하는 성질을 잘 균형 있게
융합시킬 때만이 비로소 밥은 지어질 수가 있습니다.

진주

병든 생명 없이 진주는 탄생되지 않는다. 그러므로 진주의
아름다움은 우리에게 생명의 한 변주곡을 들려준다.
어떻게 해서 병든 생명이나 그 고통을 하나의 광채 덩어리로
만들 수 있는가 하는 그 결정結晶 작용의 비밀을 침묵의
언어로 속삭인다. 우리도 지금 어느 깊숙한 생生의 물결
속에서 트레마토드trematodes(열대성 흡충류) 생명의 체내로
침입해 들어오는 온갖 고뇌의 벌레들인 그 트레마토드와
싸우고 있다. 이 불행, 이 비극, 이 두려운 침입을 어떻게 해야
생의 진주를 얻을 수 있는가? 마치 한 개의 조개처럼
진주층의 분비물로 그 고뇌의 침입자들을 포위해버릴 수 있을
때만이 우리의 불행한 생명도 하나의 결정 작용을 이루는
것이다. 그리고 생의 아픔과 그 부패가 진주와 같은 영롱한
빛을 띠는 창조의 비밀을 가르쳐준다.

———

진주는 달이다. 진주는 빛을 발하면서 또한 은폐한다. (⋯)
달이 어둠이 만들어낸 역설의 광채이듯 어둠이 도리어 빛을
만들어낸 것이 바로 진주의 빛이다.

모기

작기 때문에 큰 것을 이기는 역설이 있다. 소처럼 덩치가
큰 짐승들을 잡아먹고 사는 것이 인간이지만 바로 그 인간의

오늘 �$\cdots$ 한어

찢어진 旗를 꽂고
人間의 敗北는 아름다웠다.

享

그대는 사슴을 수$\bullet$를 꺼리오 $\cdots$
못$\cdots$ 노$\cdots$ 마음이여

그래$\cdots$ 그래 그대여 $\cdots$ 왔었 같다

그대여 그대여 $\cdots$ 결 간다
$\cdots$ 보낸다
$\cdots$ 旗 $\cdots$

피를 빨아 먹고 사는 것은 작은 모기이다.
작은 소리를 내는 것을 '모깃소리'라고 하고 가는 형체를
보고는 '모기 다리'라고 한다. 아무것도 아닌 일을 가지고
과잉 대응하는 어리석음에 대해 '모기 보고 칼 뽑는다'고
하는 속담도 마찬가지다. 그러나 속담 그대로 모기는
작은 것이기 때문에 오히려 칼로 대적할 수 없는 상대이다.

—

모기처럼 귀찮은 존재도 시골의 여름밤 향수 속에서는
그립게 느껴지는 때가 있다.

개

유럽의 개는 이제 도둑을 지키는 것이 아니라 인간의 고독을
지킨다. 개는 애정의 대용물이 되어 인간을 고독으로부터
방어한다.

집

칼을 칼집 속에 넣는다는 것은 칼을 부정하는 것도 아니며,
칼날을 무디게 하는 것도 아니다. 오히려 그것을 녹슬지 않게
지키고 보호하는 것이다. 칼의 '집'은 바로 칼의 '내밀성'이며,
그 깊이다. 칼에도 '집'이 있는데 하물며, 사람이야 말할 것이
있겠는가.

—

세상이 아무리 변해도 우리의 생각과 마음이 거할 든든한
집이 있어야 합니다. 아무리 추워도 아랫목 따뜻한
구들이 있고 한여름 뙤약볕에도 마루방 서늘한 바람이 있는
그런 집 말입니다. 그래야 추위에 떠는 손님에게 아랫목
구들을 내어줄 수가 있고 더위에 땀을 흘리는 사람에게
돗자리 깐 마룻바닥을 마련할 수 있을 것입니다.

천국
서로 사랑하고, 자기가 먹을 거 자기가 벌고, 서로 나눠 먹고,
이런 참된 의미가 있는 곳이 지금 우리 곁에 있는 천국이지요.

단추
단추 하나를 잘못 잠그면 나머지 단추까지도 제자리를 찾지
못한다. 단추야말로 진정한 개성이 무엇인가를 우리에게
설명해준다.

카메라
사람의 마음도 카메라의 속처럼 어두워야 비로소 밝은 영상의
세계를 그 안으로 불러들일 수 있다.

—

카메라의 셔터 소리는 시간이 정지하는 소리이다. 시간을
하나의 공간 속에 가두어두는 상자, 그것이 카메라다.

태양

태양은 혼자의 힘으로 빛나는 것은 아니다
비나 구름 그리고 어둠과 함께 있을 때
빛은 비로소 빛이 된다

—

사막의 모래알을 비출 때 태양은 저주지만
풀잎 이슬 위로 쏟아지면 축복이다
태양이 이슬에 젖는 순간마다 태양 빛은 새로워진다

편지

사신私信은 나체의 고백인 경우가 많다. 그리고 남이 알아서는
안 될 프라이버시다. 편지야말로 인간이 가질 수 있는 유일한
비밀의 통화구通話口다.

—

일기를 일인칭의 글이라 한다면, 편지는 이인칭의 글입니다.
그리고 일기가 '고백의 글'이라 한다면 편지는 어떤 대상을
자기에게로 '부르는 글'이라 할 수 있습니다.

—

편지는, 말하자면 글자는 우리에게 영원이라는 것을
가르쳐준다. 감정도 사상도 문자로 이야기할 때는 그것이
수백 년, 수천 년의 먼 훗날까지 남으리라는 것을 생각하고
있기 때문이다.

체취

여름내 농부들이 쓰고 다니던 밀짚모자와 낡고 해진 곳을
깁고 또 기워 이제는 더 이상 기울 수 없이 되어버린
베잠방이를 입고 있었던 허수아비들은 사람의 체온과도 같은
것을 가지고 있습니다. 그리고 막대기로 세운 것이지만,
그 옷들 때문에 진짜 사람의 체취를 풍기기도 합니다.
과학자의 말을 들어보면, 참새들이 허수아비를 보고
도망치는 것은 그것이 사람처럼 보이기 때문이 아니라,
그 옷에 묻어 있는 사람의 체취 탓이라고도 합니다.

냄새

지도에 표시된 것들조차 살아 있는 시각의 살아 있는 대상이
되려면 냄새가 더해져야 합니다. 지도가 이성적이고 개념적인
것이라면, 냄새는 생명 그 자체라고 할 수 있습니다.
시각은 외부적인 것을 묘사하지만, 냄새는 영혼의
집결지입니다.

맥주

거품이 없는 맥주는 맥주가 아니다.
거품이 없는 인생은 인생이 아니다.

오렌지

오렌지 속에는 노란 태양이 들어 있는 것 같다.
햇볕이 응결한 보석, 그것이 오렌지의 이미지다.
그러므로 우리는 오렌지를 먹을 때마다 파란 하늘과
빛나는 태양, 남유럽의 열정을 생각한다.

과수원

과수원은 눈으로 듣는 장엄한 심포니이다.

—

지상의 것 가운데 에덴동산과 가장 가까운 거리에 있는 것이
있다면 아마 그것은 과수원일 것이다. 열매에 대한 강렬한
유혹만으로 과수원은 가장 아름다우면서 가장 숨 막히는
범죄의 고장이다.

촛불

촛불은 타고 또 너울거리며 만지면 뜨거운 화염을 느낄 수
있는 원시 그대로의 불꽃을 가지고 있다. 인간의 먼 조상들이
동굴 옆에 모여 밤의 공포와 추위를 몰아내기 위해서,
그리고 사냥해 온 멧돼지를 구워 먹기 위해서 생나무를
태우던 그 불빛과 별로 다를 것이 없다.
그렇기 때문에 촛불은 어두운 방구석만을 비춰주는 것이
아니라 인간 영혼의 내부까지도 밝혀준다. 쉽게 말해서

촛불은 전깃불처럼 단순히 실용적인 목적, 어둠을 밝히기
위한 그 구실만을 위해서 존재하지는 않는다.
그것은 자연의 불꽃, 그 자체가 꽃이라든가 구름이라든가
하는 것처럼 도구 이상의 어떤 의미를 지니고 있는 자연적
존재이다.

등불

등불이 전깃불과 다른 점은 방의 어둠만을 밝히는 것이
아니라 인간의 영혼까지 밝혀주는 데 있다. 그 증거로 등불은
시를 낳았지만 전등은 시가 아니라 전기세만 낳았다.

옷

옷은 사람을 위해 존재한다. 사람이 주±고 옷은 그에 종속된
객客이다. 그러나 그것이 어떤 경우에는 거꾸로 옷이 사람의
성격과 행동을 규정하고 그것을 입은 사람을 도리어
지배하게 된다.

보석

보석은 시들지 않는 꽃, 퇴색하지 않는 꽃, 얼어붙어버린
꽃이다. 하지만 그것은 꽃의 미라에 지나지 않는다.

—

보석의 고독.

사파이어에는 영원히 흐릴 수 없는 하늘의 고독이 있고,
루비에는 타오르고 또 타오르지만 아무것도 태울 수 없는
불꽃의 고독이 있고, 토파즈에는 안개 낀 저녁의 어둠,
더 짙어질 수도 없고 더 밝아질 수도 없는 저녁 어둠이 지닌
고독이 있다. 다이아몬드는 이슬처럼 번득이지만,
거기에는 영원한 아침이 있을 뿐이다.
시간에서 소외돼버린 꽃들의 순수성이야말로 보석들의
고독이다.

마찬가지

마찬가지라는 말의 어원을 캐보면 '마치 한 가지라'는 말이
줄어 된 말이라는 것을 알 수가 있다. 잎사귀는 제각기 달라도
그것이 달려 있는 가지는 똑같은 가지이다. 그러니까 '마찬가
지'라는 말에는 겉보기는 달라도 그 근본을 따지면 마치 한 가
지와도 같다는 오묘한 뜻이 들어 있는 셈이다.

원소

용도의 목적을 잃은 낡은 물건들은 다시 순수한 원소의
고향으로 돌아간다. 인간의 죽음과 마찬가지로.

잡초

시인 랄프 에머슨Ralph Waldo Emerson은 잡초를 '가치가 아직

발견되지 않은 식물들'이라고 했어요. 그러니까 이 세상에
잡초란 존재하지 않아. 아직 발견되지 않은 버추virtue,
즉 미덕이라는 겁니다. 뭔가 발견되지 않은 풀일 뿐이지
모든 만물은 제각기 생겨나서 언젠가는 인간에 의해 덕성이
밝혀지면 약초가 된다는 얘기지요.

—

약초는 신선들이 사는 깊은 산 속에 있는 것이 아니다.
일상의 잡스러운 길가 잡초 우거진 곳에 있다. 요즘 항암제로
주목받고 있다는 개똥쑥처럼 우리가 밟고 다니는 냇가나
길가의 허접스러운 풀숲에 있다는 거다.

길

길 위에서는 머무를 수가 없다. 길은 누구도 자기 것으로
소유하지 못한다.

—

'길은 따로 있는 것이 아니다. 사람들이 다니기를 원하면
거기 길이 생긴다.' 산골짜기로 가는 길이 있는가 하면
대해大海로, 혹은 사막으로 뻗어간 길이 있다.
그러다가 아주 인적이 끊어져버리고 만 길도 있다.
유적의 길, 폐허의 길, 그리하여 무너진 길에는 슬픈 물이
흐르기도 한다. 하늘 아래 새로운 것은 없다지만,
새로운 길은 얼마든지 있다.

목동

목동은 양을 치는 것이 아니라 꿈을 친다.

—

목동이란 것이 없었다면 서양의 동화는 반 이상이 사라지게
될 것이다. 목동이 동화의 주인공이 된 것은 양 떼를 몰며
항상 그 눈이 지평선 너머의 세계를 바라다보고 있는
존재이기 때문이다. 그것이 바로 동화 자체가 아니겠는가.

가로수

가로수에는 도시인의 꿈이 있다. 석화와 강철과 매연 속에서
생활하는 도시인에게 가로수는 잃어버린 사연의 밀어를
속삭여준다. 프랑스의 마로니에, 독일의 보리수,
미국의 목련 그리고 이탈리아의 포플러… 나라와 도시마다
제각기 다른 가로수의 특징이 있고, 그것이 또한 그 고장의
신화를 만들어주고 있다. 겨울 눈이 녹고 쇠잔했던 태양이
소생하는 무렵이면 우리의 플라타너스, 먼지 낀 가로수에도
속잎이 피어난다. 겨우내 매연으로 그을린 빌딩의 회색 벽도
얼마 안 있으면 푸른 가로수의 이파리로 가리어질 것이다.

공원

잃어버린 에덴동산의 향수가 인간들에게 공원을 만들게 한
것이다.

모이다

팔만대장경은 한 글자가 모여서 진리의 말이 된
것이고, 은하수는 별 한 개가 모여서 하늘의 빛이
된 것이다. 한 걸음이 천 리가 되듯 1초의
작은 시간들이 겹치고 쌓이고 되풀이되면서
영겁의 세월을 이루니 누가 감히 작은 것을 작은
것이라 하며 큰 것을 큰 것이라 부를 수 있겠는가.

5

언어: 환상의 도서관

기호

자연 그 자체는 물처럼 연속되어 있는데 사람들은 그것을
멋대로 나누어서 생각하고 표현한다. 그것이 바로 언어요,
문화인 것이다.

눈동자

언어는 하나하나가 모두 눈동자를 가지고 있다.
시인이 하나의 말을 선택한다는 것은 하나의 시선을
선택한다는 의미이기도 하다. 그것은 보이지 않는 것,
숨겨져 있는 것까지도 들추어내는 눈이다.

만찬

작가는 언어를 그의 식탁 위에 놓는다. 그리고 그의 친한
이웃들이 함께 착석해주기를 원한다. 빵과 술이 되는
그 언어는 그 자신의 육체요 피인 것이다. 함께 먹고
함께 마시는 그리고 주고 또 받아먹는 그 만찬의 관계야말로
언어의 커뮤니케이션이다. 회열이다. 말은 혼자 말하기 위해
있는 것이 아니다. 너와 나를 이루는 통로이며 내가 타인으로
확대되어가는 파문이다.

울음

언어가 하나의 박달博達이요 표현이라고 한다면, 모든 언어는

'울음'으로 수렴될 수 있다. 왜냐하면 우리가 이 세상에
처음으로 태어날 때, 그 최초의 경이로운 전달과 표현의 말은
'울음소리'였기 때문이다.
세계를 향해서 자기 존재를 알리는 것. 그리고 자신이 살아
있는 생명 속에서 숨쉬고 있다는 것을 표현하는 것.
그 울음 속에서 우리의 모든 언어는 시작되었다.

여행

사람들은 흔히 패스포트에 비자의 스탬프만 찍히면 그 나라에
입국할 수 있는 것으로 알고 있다. 그러나 사실은 언어라는
또 하나의 국경이 있는 것이다. 언어! 그것이야말로 이방인의
마음속을 여행하는 참된 비자다.

얼음

언어는 원래 얼음(돌) 같은 것이다. 시인들의 열기가
그 위로 스쳐 갈 때 비로소 민감한 언어의 광석들은
물이 된다. 물질에서 생명으로 이동해가는 네발을 가진 돌,
날갯짓이 달린 광석이 물이 된다.
시인들이 침묵할 때 언어는 얼음이 되고, 세계는 존재의
눈꺼풀을 닫는다. 처음에 돌이었던 것들이 물이 되어 초원을
흘러내리는 광석들의 반짝이는 환상들이야말로 시인들이
언어에 대해서 갖는 꿈인 것이다.

추도사

애끓는 슬픔으로 가득 찬, 그리고 잘 다듬어진 추도사의
그 허영을 나무랄 권리가 우리에게는 없다.
금제된 눈물을 터뜨리기 위해서 누구나
초상집을 기웃거리고 있다는 사실을 이해한다면,
그리고 자기의 슬픔을 울기 위해서
추도식장에 모이는 딱한 인간의 마음을 생각한다면,
추도사의 수식어를 우리는 용서해야 할 것이다.

펜

누군들 사냥꾼이 아닌 사람이 있을까?
그 길, 그 빌딩, 그 공장.
도시는 하나의 사냥터이다. 돈을, 권력을, 여자를, 이름을
그리고 자기 자신까지도 사냥하는 사람들이다.
그러나 나는 인간의 우수를 사냥할 것이다.
그것은 하나의 안개 낀 강이며, 8월의 들판을 가로지르는
마지막 여름 햇볕이며, 가죽나무의 가로수와 텅 빈 의자,
야간열차의 차창들, 빗속으로 사라지는 붉은 테일 라이트
또한 그 많은 것들의 의미이다.
윈체스터 엽총은 없어도 좋다. 그것들의 심장을 꿰뚫기
위해서는 한 개의 펜대로도 족하다. 그것들을 향해 총구를
겨눌 것이다.

번역

번역의 불가능은 그것이 '이식 불가능'의 문화임을 의미하는
것입니다.

말

말은 입에서 나오는 순간 사라집니다. 조금 전만 해도
내 가슴과 머릿속에 있었던 것인데 몸 밖으로 일단
빠져나오면 네발 달린 말보다 더 빠르게 도망칩니다. 어느새
벌판과 냇물을 지나 산등성이의 구름이 되어 흩어집니다.
때로는 뒤쫓아보지만 그것들은 벌써 다른 사람들의 입에서
입으로 옮겨 다니다가 사막의 낙타, 바다의 돌고래처럼
나와는 아예 무관한 짐승이 되어버립니다.
그래서 글을 씁니다. 말들이 멋대로 새어나갈까 봐 덫을
놓습니다. 그런데 문자의 덫에 걸린 그 순간, 말들은 생기를
잃고 까무러쳐버립니다. 맞아요. 말이 기절한 게 바로
글이지요. 그것들을 깨어나게 하려면 문자의 올가미를 풀어
다시 소리치게 하고 그 갈기가 바람에 날릴 수 있도록 해야
합니다.

—

나는 말 위에 서서 말에 말을 걸었어요. 사람들은 휙휙
주마간산 식으로 말을 보는데, 나는 재미난 말이 있으면
멈춰 서서 봐요. 1초만 멈춰 서서 생각해봐도 새 뜻이

나오고 새 음성이 나와.

—

갖고 싶다. 번쩍이는 것들을. 하찮은 먼지라도 햇볕 속에서는
번쩍인다. 새금파리, 운모, 유액이 칠해진 하얀 사기그릇,
무엇이든 번쩍이는 것들을 갖고 싶다. 정말 갖고 싶다.
몇 개의 언어들, 사전이나 옛날 시인들의 시화집에서 쓰인
그 언어들, 사랑, 행복, 평화 그리고 자유란 말들을.

백지
에이하브 선장이 흰 고래 모비딕을 죽이기 위해 평생 목숨
걸고 쫓아다니는 것은 작가가 원고지의 흰 공백을 죽이기
위해 일생 동안 글을 써나가는 것과 비슷하다고 평한 사람이
있습니다.
어떤 예리한 펜의 창으로도 그 흰 공백의 심장을 꿰뚫을 수
없었기에 나는 매일 공일의 그 바다에서 익사하고 있는지
모릅니다. 글 쓰는 문필가들만의 일이겠습니까. 흰 공백을
죽이기 위해 화필을 들고 온갖 색채로 여백을 메워갔던
그 많은 화가들의 이름도 생각해봅니다. 벨라스케스, 다빈치,
렘브란트, 솔거, 신윤복, 피카소, 마티스, 이중섭.
이 모든 사람이 이 흰 화폭의 바다에서 익사한 사람들입니다.

반딧불

반딧불, 그것은 시인의 언어이다. 어떤 암흑이나 폭풍도
그 불꽃을 끌 수는 없지만, 그것은 동시에 또 아무것도
불태울 수 없다. 생명과 죽음을 동시에 가진 불,
그것은 프로메테우스로부터 받은 그 불의 족보와는 분명 다른
또 하나의 불, 시인들의 영혼을 날게 하는 불빛이다.

글

의미는 흔적을 통해서 전달된다. 해변의 모래톱에 찍힌
흔적들을 보면서 우리는 그 위에 앉아 있던 물새와 몸을 숨긴
조개들의 작은 드라마를 읽는다. 인간이 만든 글자 역시
이 생명의 해변 위에 찍어놓은 많은 흔적들의 하나인 것이다.
흔적, 말하자면 어떤 자국을 일부러 남기기 위해서는 모래판
같이 부드러운 것 위를 손가락처럼 딱딱하고 뾰족한 것으로
긁어야 한다. 그래서 '글'이라는 말은 '긁다'라는 동사에서
나온 것이라고 주장하는 언어학자도 있다.

—

글을 쓰는 순간 나는 글에서 벗어난다. 심하게 말하자면
글에서 벗어나기 위해서 그러니까 마음속에 품고 있던 생각의
포화상태에서 벗어나기 위해서 나는 소낙비처럼 글을 쓴다.

—

글 쓴다는 것은 말을 찾는 거야. 만드는 게 아니라 찾는 거야.

—

대장장이가 한 개의 범종을 만들 듯이 그렇게 글을 써라.
온갖 잡스러운 쇠붙이를 모아서 그는 불로 그것을 녹인다.
무디고 녹슨 쇳조각들이 형체를 잃고 용해되지 않으면
대장장이는 결코 그것에 망치질을 못 할 것이다.
걸러서는 두드리고 두드리고는 다시 녹인다.
이렇게 해서 정련된 쇳조각은 하나의 종으로 바뀌고 비로소
맑은 목청으로 울 수가 있다. 이미 그것은 망치로 두드리던
둔탁한 쇳소리가 아니다.

—

누구나 떠난다. 사랑하는 사람일수록 오래 머물지 못한다.
그러나 우리에게는 다시 읽고 싶은 글들이 있다. 추억의 글,
위안의 글같이 포옹하고 싶은 그런 생명체로서의 글이 있다.

결핍
말을 배운다는 것은 무엇인가? 눈앞에 먹을 것이 있을
때에는 아무 말도 하지 않는다. 그저 먹기만 하면 된다.
눈앞에 없기 때문에, 배가 고프기 때문에, 목이 마르기 때문에,
아이들은 젖이란 말, 밥이란 말, 물이란 말을 발음한다.
모든 것이 충족되어 있어 결함이 없는 세계, 그것은 언어가
필요 없는 세계이다.

정신

일상의 언어는 부귀와 권력의 질서에 속해 있다.
즉 시장의 언어다. 그런 언어로는 달을 멈추게 할 수도
태양을 달랠 수도 없다. 그러므로 음악의 세계, 시의 세계
그리고 종교의 세계는 결코 프로메테우스가 준
불의 언어(기술)로 다룰 수 없을 때 생겨난 세계다. (⋯)
사랑이라든지, 외로움이라든지 이러한 존재의 세계에서는
칼이나 돈으로 해결할 수 없는 것들이 많다.
거기에서 물질이나 기술문명이 아니라 정신문화가
생긴 것인데, 인간의 언어 역시 그 두 세계로 나누어볼 수
있다. 날이 갈수록 정신문화의 언어는 시들어가고 있다.

엠페도클레스

불의 익사자여. 행복한 엠페도클레스여.
화산의 분화구 속에서 당신이 본 것은 무엇인가?
불의 심연 속으로 추락해갈 때, 당신은 무슨 소리를 들었는가.
남겨놓은 것은 다만 벗겨진 외짝 신발.
그렇게도 황급히 뛰어들던 숨가쁜 발자국 소리밖에는
알 수가 없다.

구명대

이전에는 문학을 총탄이고 다이너마이트라 생각했지만,

4·19 이후에는 빙산을 녹이는 난류 같은 거라 믿게 됐어요.
빙산에 총알을 쏴봐. 그저 조금 부서질 뿐 그 밑동은
그대로잖아요. 또 좀 있으면 다시 얼 것 아니오.
그러나 기후 자체를 바꾸는 것은 근본을 바꾸는 거야.
난 그렇게 상상력과 창조력이라는 바다, 혹은 하늘을
택함으로써 인력에 구속된 지상의 땅으로부터 풀려나고자
한 것이지. 언어라는 구명대에 기대를 걸고.

수사법

인간의 정신 속에 고착되어버린 이항 대립의 구조에서
벗어나는 것, 해체하는 것, 넘어서는 것. 그것이야말로
오랫동안 문인들이 언어를 통해서 꿈꿔오고 예술가들이
색채와 소리를 통해 얻고자 한 판타지입니다. 상징, 비유,
반대의 일치coincidentia oppsitorum, 공감각synesthesia.
이루 헤아릴 수 없이 많은 그 수사법과 예술기법들은
이더-오어either-or의 선택적 세계를 보스 앤드both and의
창조적 융합의 세계로 구축해온 예술가들의 피요,
땀이었다고 봅니다.

암기

암기한다는 것은 어떤 사상에 항복한다는 것이다. 어떤 아름
다운 시도 암기하고 있는 순간만은 축문과 다를 게 없다.

밑줄

누구나 독서를 하지만 나는 요령이 있다.
어디에 밑줄을 쳐야 하는가를 안다. 그러다 보니
관계없는 책들을 읽어도 엮을 줄 안다. 말로 읽어도
되로밖에 못 내놓는 사람이 있지만, 되로 읽고
말로 내놓을 수 있는 사람도 있다. 나도 그중
한 명이다. 읽으면서 이 책, 저 책을 꿰어놓는다.

이름

이름을 안다는 것은 곧 그 대상을 파악하는 인식의 힘이다.
언어예술이라는 것도 따지고 보면 어떠한 감정, 어떠한 행동,
어떠한 현상에 하나의 이름을 부여하는 작업이라고 말할 수
있다.
어렴풋한 베일 속에 감춰진 온갖 사물들에 일단 그 이름이
붙으면 밝은 존재의 햇볕 속으로 나타나게 된다.

———

명칭을 모르면 형용사가 발달할 수밖에 없다.
"다이애거널diagonal(대각선) 무늬의 외투를 입고"라고
말해도 될 것을 그 명칭을 모르면 손짓 발짓부터 나온다.
"아! 왜 이렇게 생긴 것 있잖아. 옆으로 얼룩말처럼 줄이
비스듬하게 굵게 죽죽 쳐져 있는 무늬, 왜 그거 있잖아.
언젠가 왜 길거리에서 만난 그 여자가 입고 있었던 것 말야.
아 글쎄 그런 옷 입고 말야."
얼마나 정력의 낭비며 시간의 허비인가? (…)
어휘와 이름이 빈약했다는 것은 그동안 우리가 얼마나
불합리한 불모의 사고 속에서 살아왔는가를 의미한다.
애매하고 모호한 사막에서 벗어나 존재의 푸른 평원으로
나가기 위해선 많은 '이름'들을 발견해야만 할 것이다.

한국말

아인슈타인은 '죽음이란 무엇인가'라는 기자의 물음에
"더 이상 아름다운 모차르트의 음악을 들을 수 없게 되는 것"
이라고 답했다. 나에게 누군가 똑같은 질문을 한다면 나는
"더 이상 아름다운 한국말로 글을 쓸 수 없게 되는 것"이라고
대답할 것이다.

하이퍼텍스트

책에 나오는 단어나 한 토막 이야기를 별이라 생각해보세요.
책에 쓰인 글들은 그 별들 하나하나가 모인 은하계 혹은
별자리들이라 할 수 있지요. 서로 홀로 떨어져 있지만
그 별들은 서로 이어져 별자리를 만들고 그 별자리에서
이야기가 탄생합니다. 아니지요. 이야기에서 흩어져 있던
별들이 서로 이어져 별자리를 만들어가는 것이지요.

사전

진리란 사전에 적혀 있지 않다. 참된 예술가는 언제나 사전에
등록되어 있지 않은 새 말을 발견하기 위해 고심한다.

—

사전에 수록된 언어는 언어의 씨앗에 지나지 않는다.

—

사전이란 언어의 시체들이 묻혀 있는 공동묘지이다.

사투리

사막에도 물이 흐른 자국은 있단다. 아무리 없애려고 해도
모국어의 사투리는 남아 있다.

거리

글이 써지지 않거든, 거리로 나가시오. 5월에는 가로수마다
신록이 피어나고 있을 것이오. 손가락질을 하듯이 돋아나는
푸른 순들을 보시오. 수직으로 꼿꼿이 올라가는
파란 수액들이 어디에서 그 많은 힘을 가지고 오는가를.
뿌리의 노동과 이파리의 환희. 그렇소, 당신의 언어도 뿌리와
이파리를 가져야 하오. 글이 써지지 않는 시각엔 5월의
가로수를 향해 걸어가시오.

심연

생의 내면에 있는 것일수록 빛이 있다. 심연으로부터
파낸 것일수록 불변의 형태를 지닌다. 바람을 이겨낸 자이며
기氣와 벌레의 부식으로부터 자유로워진 자이다.
존재의 밑바닥에서 얻어진 생의 의미는 대개 금강석처럼
단단한 것이고 열정이 결정된 루비처럼 빛나는 것이다.
언어의 광부여. 대지의 점성술사여. 곡괭이를 들어
다시 캐거라. 그래서 깊숙이 잠들어 있는 열을 캐내어 당신의
손바닥에 정말 영원한 별의 광채가 놓여져 있음을 증명해야

할 것이다. 누구의 눈에도 띄지 않는 보석을 저 허무의
심연으로부터 캐내기 위해서, 다시 곡괭이를 들어
딱딱한 생의 암반을 찍어라.

전쟁

진격의 나팔 소리도 없고 승리의 깃발도 없지. 함성을 지르고
공격해 오는 적병도 보이지 않아. 조용하고 조용하다.
다만 우리의 가슴속, 머릿속에서 뜨겁게 소용돌이치는
소리 없는 전쟁이 벌어지지.
남들은 육해공군의 군대가 있는 곳만을 전쟁터로 알지만
우리는 말과 글자, 그 하찮은 몇 마디의 구절 속에서
엄청난 전쟁이 펼쳐지고 있음을 아는 거야.

의미

언어는 의미 또는 가치의 우주에 있어서의 미디어다.
언어는 일반적으로 사원적인 기능의 복합체라고 한다.
즉, 언어는 의미에 기준을 부여하고 의미를 표현하고 의미를
전달하며 그리고 의미를 저장한다.
언어의 해체는 의미 우주의 붕괴이다.

시인

사물들은 알처럼 모두 껍데기를 가지고 있다. 외부와 내부의

경계선. 그것들은 얇은 피막 하나로 자신의 생명과 의미를
감추고 있다. 사람들은 이 사물의 의미를 꺼내기 위해서
폭력을 쓴다. 아주 쉬운 방법으로 그 의미를 캐내려 한다.
저것은 구름이고, 이것은 꽃이고, 그것은 강이라고 말한다.
그것은 마치 알을 손으로 두드려 깨는 일과도 같다.
다만 시인만이 기다릴 줄 안다.
사물들의 의미를, 그 생명적인 의미를 꺼내기 위해서는
며칠이고 몇 해이고 참을성 있게 그것을 품어주어야만 한다는
것을 알고 있다. 시인들은 그 부화의 방법으로 자연과 인간과
역사의 의미들을 찾아내는 사람이다.

은어

은어나 속어에는 생명의 원시성과 현실성이 충만해 있다.
닳고 닳은 전통적인 언어에서는 맛볼 수 없는 새롭고 힘찬
호흡이 있다는 이야기다. 시인이 참된 시대의 얼굴을
그리기 위해선, 또 살아 있는 언어를 살리기 위해선,
또 살아 있는 언어를 창조하기 위해서는
그러한 은어의 세계로 뚫고 들어가야 한다는 주장이다.

별

별들은 빛을 가지고 있기 때문에 존재한다. 끝없는 공간을
향해 뻗어가는 광채를 가지고 그들은 서로 통신한다.

그러기에 별빛은 나의 언어다. 지극히 먼 우주의 한 심연
속에서 자기가 존재하고 있다는 것을 다른 별들과
이야기한다. 바닥없는 공간은 그 빛에 의해서 연결되고
우리는 그 희미한 별빛의 밀어를 통해서 우주의 깊이를 잰다.

망각

시인의 기도는 오직 망각의 시간에 대한 싸움. 땅 위에
쌓아두는 보물이 음흉한 벌레와 도둑과 그리고 녹들에 의해서
사그라져가듯이, 이 지상의 기억들도 그런 것이다. (…)
그러므로 시인의 기도는 아무리 사소한 것이라 할지라도
'잊지 않게 하옵소서'로 그 기도를 끝낸다.
언어와 망각의 사투에서 승리할 수 있는 영광을 달라고
기도할 것이다. 반석 위에 아로새긴 문자처럼 그의 시구가
영원히 사라지지 않기를.

돌멩이

당신의 언어는 바위가 못 될지라도 돌멩이를 닮아야 한다.
쓸모가 없어도 단지 거기 그렇게 있는 것만으로도 넉넉히
우주의 한자리를 차지할 만한 의미를 획득해야 한다. 나무를
자르는 자에게는 망치가 무의미하고, 나무에 못질하는
자에게는 도끼가 무의미하다.
시의 집은 벽돌과 도구로 짓는 것이 아니다.

돌멩이 하나하나로 전체 돌무더기를 쌓아놓은
성황당 같은 것이다.
당신의 언어는 벽돌이 아니다. 그것은 돌멩이이다.
아무리 하찮아도 그것이 이 천지에서 없어지면
영원한 소멸이 되는 소중하고도 소중한 자연의 돌인 것이다.
강가에 쓸쓸하게 버려져 있다 해서 벽돌과 바꾸어서는
안 된다.

의인화

우리처럼 호격이 없는 서양의 시에서는 사물이 늘 내 밖에
객관적으로 있지만, 우리의 경우에는 정감情感 속으로
그 거리를 소멸시켜 일체화한다. '소나무여!' '바다여!'처럼
'여'를 붙일 때 그것은 벌써 의인화되고 부르는 자의 소리를
듣는 생명체가 된다. 먼 데 있어도 가까이 있는 곳으로
다가선다.

괄호

현재의 소설 미학처럼 종결을 거부하는 의지로 한 해를
끝나게 해야 한다. 손을 펼 때, 아무것도 쥐어진 것이 없다
해서 서러워할 것이 없다. 박수도 치지 말 것이며
책장을 덮지도 말 것이다.
단지 하나의 괄호를… 단지 하나의 접속사를….

입술

코의 언어가 자신을 내세우고 그 뜻을 주장하고 모든 것을
노출시키는 딱딱한 언어라면, 입술의 언어는 자신을 숨기고
받아들이고 모든 것을 감싸주는 부드러운 언어이다.
겉으로 보기에 코의 언어가 강한 것처럼 보이지만 조각의
경우처럼 도리어 질기게 살아남아 시간을 초월하는 그 힘은
입술의 언어에 있다.
시인들은 불상 앞에서 입술의 언어, 그 미소의 언어를
배워야 한다. 참으로 긍지에 가득 차 있는 것은 높은 콧대에
있는 것이 아니라, 저 바람과 비도 감히 침범하지 못한 바로
그 천년의 미소이다. 코는 역사의 것이지만
입술의 미소는 역사를 넘어선 영원의 것이기 때문이다.

둥지

시인은 한 마리의 새처럼 자유로이 날아다니는 상상의 공간을
가지고 있지만 그러기 위해서는 높은 나뭇가지 위에
그가 쉴 수 있는 둥지를 만들지 않으면 안 된다.
어떻게 둥지를 트는가. 새들이 하찮은 넝마쪽과
나뭇가지와 흙덩이를 주워 나르듯 시인들은 누구도
눈여겨보지 않는 기억의 폐물들을 모아 비로소 그 둥지를
만들어야 한다. (…)
여름 강가에서 맨발로 뛰면 태양 빛이 알알이 부서지는

모래알의 감촉을 느낀다. 또 모래를 움켜잡으면
가는 모래들이 간지럽게 흘러내리는 아슬아슬한 그 붕괴,
뺨에 와 닿는 어머니의 머리칼, 손등에 와 닿는 강아지의
혓바닥… 쓸모없는 이 많은 감각의 기억들을 그냥
버려두어서는 안 된다.

시간

사람들은 시간 속에서 언어를 본다. 언어의 의미, 그리고
그것들의 발음은 시간 속에서 명멸한다. 어떠한 언어도
시간의 저편 언덕에서 존재할 수는 없는 것이다.
언어는 내 것도 아니며 네 것도 아니다. 조상들의 것이며
동시에 우리들의 것이자 또한 먼 내 자손들의 영혼을 담는
그릇이다.

봄

3월이면 봄이 오는 그 순서와 죽어 있던 대지가 어떻게
생기를 되찾는가를 배워야 할 것이다. 굴뚝에서 매운 연기가
나오지 않아도 방이 절로 더워지는 이치를 알아야 하며,
부채질을 하지 않아도 청순한 바람이 대청마루를 가득 채우는
그 비법을 익혀야 한다. 만약 당신의 언어가 한 포기의 풀처럼
저 광활한 자연의 혈맥에 맞닿아 있다면, 언젠가는 구근처럼
싹이 돋을 것이다. 봄을 믿는 자보다는 봄을 느끼는 사람이

행복하다. 봄을 느끼는 사람보다는 봄을 노래할 줄 아는
사람이 더욱 행복하다.

침묵

아이들의 언어는 크게 두 가지로 표기되어 있다고 볼 수 있다.
침묵과 울음이 그것이다. 아이들은 울다가 어머니의 젖꼭지가
입에 닿으면 울음을 멈춘다. 그 침묵은 그의 욕망이 달성되고
불만의 가시가 뽑혔다는 전달이요, 표현이다. 이 세상에
태어난 뒤에도 이 침묵과 미소를 통해서 아이들은 태내의
공간 속에 있었던 언어를 본뜨는 것이다.
아이들만이겠는가. 시인들은 때때로 침묵의 언어를 배운다.
아무 말도 씌어 있지 않은 백지의 언어, 그것은 울던 아이가
어머니의 젖꼭지를 물 때처럼, 울음을 멈추게 하는 또 하나의
수사법이다.

어둠

우리는 평화의 초원이 아니라 통금 시대의 어둠 속에서 글을
썼다. 내가 당신들을 찾고, 그리고 당신들이 내게로 걸어올
그 방문의 시각이 박탈된 통금 시대 속에서 어떤 언어를
선택해야 할지를 나는 배워야 했다. 그리하여 인간이 인간을
향해서 걸어가는 그 보행의 리듬을, 시의 운율로 삼아야 했다.
침묵의 길목에서, 다시 인간의 발자국 소리를 듣는 것을

문학의 희망으로 알았다.

실제

아무리 잘 만들어진 언어도 실제 그 자체일 순 없는데,
그래서 언어도단이라는 말이 나오고 선문답이 있는 거라.
선문답이 뭐요. 언어 뛰어넘기고 언어와 격투를 벌이는 것
아닌가. 그러니 과연 문학은 옳으나.
리얼한 삶이란 '강물이 아름답다'고 말하는 게 아니라
'아름다운 강물에 몸을 던지는 것'인데, 그것이 참문학일 텐데.
나는 상징의 숲을 헤맸어요. 행위로서의 삶과 상징으로서의
나 사이에는 엄청난 차이가 있거든.
나는 과연 엎어지면 무릎이 깨지는 그 삶 속에 발 담그고
고통스레 몸부림쳐봤는지….

자원

생명의 에너지는 언어이다. 아파하는 시인의 언어이다.
사물을 정시하는 지식인의 언어이다. 이 언어들이 송유관을
흘러 개개인의 집에 불을 켠다. 그 마음에, 그 몸짓에,
그 걸음걸이에 힘과 빛을 던진다.
석유가 없음을 한하기 전에 먼저 울어라. 언어의 고갈을.

비누

언어는 세탁비누처럼 정화력을 지녀야 한다.
창조의 언어보다는 이 정화의 언어가 더욱
시급해진다. 생활한다는 것은 때를 묻힌다는
이야기이다. 때는 처음 묻을 때만이 눈에 띈다.
오염의 두려움은 내가 오염되어 있다는 의식까지도
오염시키고 만다. 비누는 본연의 빛을 캐내는
연장이다. 비누 거품은 허망하게 꺼지지만,
그 소멸 뒤에는 순백의 빛깔을 다시 찾는 그리움의
발언이 있다.

사명

역사hisotry를 그의 이야기his story가 아니라 나의 이야기로
고쳐 쓰는 것이 글을 쓰는 사명이라고도 생각했다.

가래질

영어의 벌스Verse는 시를 가리키는 말이지만,
그 어원을 살펴보면 동시에 그것은 '가래질한다'는
의미이기도 하다. 농부가 밭을 가는 것과 시인이 시를 쓰는
행위가 어찌하여 같은 뜻을 지니고 있는 것일까?

———

시인은 농부처럼 빈 밭을 간다. 새로운 계절에 대비하여
씨앗을 뿌리고 채소를 심기 위해서 그래서 생의 풍요한
수확을 거둬들이기 위해서 먼저 가래질을 해야 한다는 것을
안다. 그 가래질 속에서만 생은 하품을 하지 않고,
팽팽한 경작의 긴장 속에서 뿌리를 내릴 수 있다.

생각

저는 지금도 글을 쓰면서 이래라저래라 하지 않습니다.
'생각하는 나'를 보여줄 뿐입니다.

소음

숲속을 걷는다. 태초와 같은 침묵이 있다. 나는 지금 어디에

있으며, 어디를 향해 걷고 있는지 모른다. 몸의 체중도, 호흡도, 친숙한 인간들의 언어도 잠시 잊는다. 내가 침묵 속에 있는 것까지도 의식할 수 없다. 그때 발밑에서 한 마리의 까투리 혹은 한 마리의 멧새가 별안간 날갯짓을 하고 날아오른다. 그 울음소리와 퍼덕이는 날갯소리가 침묵을 깨뜨린다. 그때 비로소 나는 나의 침묵을 깨닫는다. 산의 정적을 느낀다. 소음이 있을 때 비로소 침묵이 생겨나는 것이다. 산속에서 울려 나오는 종소리는 침묵을 내쫓는 것이 아니라 거꾸로 침묵을 불러들인다. 소음이 없는 침묵은 다만 죽어 있는 정적에 지나지 않는다.

반대어

반대어가 없을 때 그 말은 안갯속에 파묻혀버린다. 사람들은 불행이 무엇인지는 잘 알면서도 행복이 과연 어떤 것인가는 잘 모른다. 다만 그것은 불행의 반대어로서만 존재할 뿐이다. 그러나 이 반대어가 있기 때문에 사람들은 불행의 의미를 한층 더 뚜렷이 알고, 어디엔가 불행의 어둠과는 다른 찬란한 행복의 빛이 있다는 것을 상상할 수 있다.
반대어가 존재하는 한 인간에겐 절망이란 것이 없는 것이다.
악마가 있으면 신이 있고, 병이 있으면 건강이 있다.
속박이 있으면 자유가 있고, 순간이 있으면 영원이 있다.

금실

금은 얇게 펴지고 늘어나는 성질이 뛰어나서
1그램의 순금으로 3킬로미터의 금실을 뽑을
수 있다고 하지요. 언어도 마찬가지인데,
언어를 두들기고 또 두들기면
금실 같은 이미지가 다시 이미지를 낳으면서
이어지는 것입니다.

5장

글쓰기

나는 언제나 타자로부터 그리고 역사로부터 자유로워지기
위해서 글을 쓴다. 마지막에는 내 몸뚱이로부터
자유로워지기 위해서 글을 쓴다. 이것이 내가 글을 쓰는
유일한 이유일지도 모른다.

밤

모든 것은 환해야 보이지만 별은 어두워야만 잘 보인다.
밤의 시대에 태어난 우리는 '별의 언어' 역설의 언어를
만날 수밖에 없다.

카나리아

카나리아가 우는 소리를 직접 듣지 못한 사람이라 해도
카나리아의 노래를 상상할 수가 있다.
그것은 이미 상징으로 화한 새이기 때문이다.

먼지

나는 이 거리에 폐품처럼 뒹굴고 있는 말들을 주워서
그 먼지를 털어낼 것이다. 그리고 갈고닦고 때로는 뿌리를
캐고 그 줄기를 가려낼 것이다. 그래서 새로운 역사를
찾아가는 작은 통로의 화살표로 삼으려고 한다.
말이 안 되는 사회를 말이 되는 사회로.

6

예술: 진리와 아름다움

예술

모순인 그대로 드러내어 느끼게 해주는 것이 예술입니다.

—

예술은 얼음 위에 피는 꽃이다. 다른 꽃은 봄이 되어야
피는데 예술이라는 꽃은 설원에서 핀다.

땅파기

예술의 진정한 가치는 땅속에 묻혀 있다. 비평의 위대함은
바로, 그 불가시적인 그리고 숨겨진 구조를 파내는 곡괭이를
가지고 있기 때문이다.
내가 은유의 문장을 좋아하는 것도 그것의 의미가 항상
문장의 심층에 묻혀 있기 때문이다. 그것들은 지층과도
같은 여러 층위의 의미를 가지고 있으며 그 켜마다 각기 다른
비밀스러운 화석을 숨겨두고 있다.
땅파기, 그것이 나의 모든 문학적 동기가 된다. 그것은 바로
나의 창작적 형식이고 수사학이다.

목수

훌륭한 목수는 죽은 나무에 두 번째 목숨을 준다.

감동

기계는 기능을 위해서 있지만 예술은 감동을 위해서

184

있습니다. 자연은 신비를 낳고, 기계는 기능을 낳고, 인간의 마음은 감동을 낳습니다.

허구

인간은 빵만으로 살아가는 존재가 아니듯이 과학과 이성만으로 행동하는 것이 아닙니다. 신념을 가시화하는 허구적 세계가 때로는 과학이 할 수 없는 기적을 낳기도 합니다.

시

시와 꿈은 다 같은 상상력의 아들이니까 그들의 핏줄은 똑같죠. 사람들은 시라고 하면 으레 별, 달, 구름 그리고 꽃… 이런 것들을 생각하게 마련이지만, 시는 그런 예쁜 대상 속에 있는 것이 아닙니다. 상상력이 없는 사람에게 별이나 달은 단지 하나의 천체에 지나지 않지요. 시는 그것을 바라보는 시선, 상상력을 지닌 마음속에 있는 것입니다.

—

낙타 같은 언어를 갖고 싶다. 사자의 눈이나 사치한 사슴의 뿔 같은 언어보다도 사막을 건너가는 그런 낙타의 언어로 시를 쓰고 싶다. 지평을 바라볼 수 있는 기다란 목으로, 사풍砂風 속에서도 앞을 내다볼 수 있는 긴 눈썹으로, 그리고 혀를 말리는 갈증을 제 스스로 적셔가는 등 위의 혹으로 내 생의 길을 걷고 싶다.

시는 푸른 초원에서만 살 수 있는 양 떼가 아니다.

시는 맑은 호수에서만 살 수 있는 백조도 아니다.

더더구나 늪에서 뒹굴며 사는 하마는 아니다.

시인의 언어는 낙타이다. 멀고 먼 푸른 녹지를 향해서,

오늘의 모랫길을 걷는 낙타이다. 목 타는 생의 모래밭,

우물이 없어도 비가 내리지 않아도, 그늘이 없어도

제 몸으로 목을 적시며 살아가는 낙타이다.

———

꿈과 현실의 승부 없는 영원한 씨름, 그 긴장이 바로 시가

탄생하는 자리입니다.

———

시는 밥그릇, 밥상, 빨래와 같은 일상의 뻔한 의미들을

풍부하게 하기 때문에 시인의 꿈을 현실에서 떠날 수 있게

하는 것이 아니라 현실을 증식시킬 수 있게 합니다.

———

시는 불행한 패자의 영탄이며, 무모한 원망이며,

불가능한 것을 구하는 광기의 행동처럼 보일 때도 있다.

그러나 '철학을 멸시하는 것, 그것이 참되게

철학하는 것'이라는 파스칼의 말대로, 진정 시에 대해서

회의하는 자만이 시를 사랑할 수 있다.

———

시는 현실 이상의 현실, 운명 이상의 운명을 창조할 수 있는
것이고, 이 창조력은 언제나 현세적 속박의 반작용의 힘에서
얻어지는 것이다.

—

빛과 기쁨만으로는 시가 써지지 않는다.
어둠과 슬픔만으로는 시가 탄생되지 않는다.
물과 불의 기적 같은 만남, 이 행복한 결합이 그 요리법이요,
시학이다.

지문

범죄자는 자기 지문을 말소하려고 고민하는 자요,
예술가는 자기 지문을 드러내려고 애쓰는 자다.

자아

나라는 건 도대체 어디 있느냐? 아편을 먹었을 때의 감각의
해체로부터 자아의 해체를 느끼는 게 헉슬리거든요.
지금은 아편을 먹지 않아도 끝없는 자아의 해체를 느끼는
거예요. 그러니까 스무 개, 천 개, 만 개의 자기 해체를
경험하고 그 속에서 나를, 카논canon을, 정보를 찾아가는 것이
21세기 새천년에 예술가들이 해야 할 가장 큰 과제죠.
나를 단일적으로 설명할 수 있고 아이덴티티화해서
나의 정체성을 얘기할 수 있었던 시절은 이제 갔어요.

글

심마니의 길보다 인삼 밭에서 인삼을
재배하는 쪽이 훨씬 편할지 모릅니다.
해녀들의 물숨처럼 죽음을 걸고 고생하는
것보다 전복 양식장을 개발하는 쪽이 쉽겠지요.
하지만 나는 물숨 끝에 내쉬는 해녀들의
숨비소리, 혼자 헤매다가 "심봤다"라고 외치는
심마니의 소리와 같은 글을 포기할 수 없지요.

글

문학

나의 문학은 밤이었다. 혼자 깨어 있는 밤이었다. 나의 문학은
남폿불이었고, '어서 불 끄고 자라!'는 말끝에 묻어오는
그을음 냄새였고, 어디에선가 밤새도록 새어 나오는 물소리
였다.

—

문학에는 '눈물로 만든 것(비극)'과 '웃음으로 만든 것(희극)'
이 있고, 그 눈물과 웃음의 양대 기능 속에서
우리는 우리 자신의 마음을 일깨워간다고 할 수 있다.

—

문학은 두 개의 리듬을 갖는다. 섬세하고 자기 속박적인
금욕의 문학과, 또 하나는 그것을 부수고 거칠게
속박의 사슬을 푸는 해방의 문학.

—

문학이 언론이 되면 안 돼요. 물론 언론도 아주 귀중하지만
그 대상은 법과 제도의 세계예요. 수학으로 치면 문학은
산수算數가 아닌 대수代數고, 그것도 미지수 X가 하나도 아닌
두세 개 겹쳐 있는 고차방정식을 푸는 행위지.

몽상

몽상의 두레박을 우물 속 깊이 드리우지 않고서는 한 모금의
물을 떠올릴 수 없다.

작가

글을 쓰고 말을 한다는 게 나의 마지막 희망이야.
그게 작가라네. 보통 사람은 죽음이 끝이지만 글 쓰는 사람은
다음이 있어. 죽음에 대해 쓰는 거지. 벼랑 끝에서 한 발짝
더 갈 수 있다네.

동상

박물관이나 길거리에서 만난 그 조각들은 결코 이탈리아어로
말하지 않는다. 하나의 포즈, 하나의 볼륨 그리고 하나의
음영陰影을 가지고 그것들은 이야기한다.
침묵하는 그 대리석의 언어로써 나는 무한한 영혼의 대화를
가질 수 있다.

조각

대리석에 불어넣은 생사의 갈등은 영원과 손잡으려는 인간의
음모였다. 죽음에의 도전은 불가능한 연금술처럼 패배하지만
그 과정은 언제나 위대한 부산물을 남겨주었다.

———

토르소torso. 그것은 미숙이 아니다. 성장의 과정이거나 전모를
이루기 전의 한 조각 부분이 아니라 그냥 뛰노는 하나의 동체,
하나의 빛깔이다. 쓰라린 체험의 그 어두운 내부에서 닦이고
깎이고 억눌리고 하다가 그대로 폭발되어 쏟아진

생명의 파편들이다.

탑

탑은 무엇을 위해서 있는 것이 아니라 마치 산이나 돌처럼
거기 그렇게 있다.
참으로 그 탑이 상징하고 있는 것은 프랑스의 문화주의,
즉 무상의 충동 속에서, 정신적 모험 속에서 인간의 절대를
만들어낸 그 예술의 혼을 상징하는 것이라고 할 수 있다.
다만 하나의 경이를 위해서, 다만 하나의 신화와 그 증명을
위해서 무상의 행위를 알았을 때 비로소 인간은 위대한
예술을 창조한 것이다.

아름다움

장미에 가시가 있듯이 그 아름다움이란 것은 동시에 아주
끔찍한 것입니다. 신과 악마가 싸우는 현장이에요.
그리고 신과 악마가 싸우는 그 현장에 내가 있는 것이지요.
참으로 아름답고 끔찍한 모순의 덩어리가 우리가 구하는
예술, 아름다움이라는 말입니다.

—

카나리아를 참새처럼 구워 먹는 사람은 없을 것이다.
금붕어를 다른 물고기처럼 잡아먹는 사람은 없을 것이다.
아름다운 것은 실용적인, 위의 세계에 속해 있는 것이 아니라

순수한 정신의 심장에 속해 있는 까닭이다.

소설

옛날 성자들이 꽃밭이 아니라 사막에서 영성을 얻을 수
있었다면 오늘의 사막은 어디에 있겠습니까. 바로 저 소설의
무대인 도시의 아스팔트 거리일 것입니다.

—

소설이 우리를 매혹시키는 까닭은
그것이 바로 '거리로 메고 다니는 거울'이기 때문입니다.

—

모세와 헤라클레스와 아서 왕의 모습이 판치던 시대는
지났다. 지금은 위대한 거인의 모습이 아니라 무엇인가를
끝없이 구하고, 끝없이 거절당하고, 끝없이 방황하고,
끝없이 절망하며, 끝없이 전락해가는 헐벗은 지적 걸인들이
등장하고 있는 시대다. 그것이 곧 현대 소설의 한 단면이라고
볼 수 있다.

—

본래가 순수한 예술은 아니다. 그것은 의미예술이기 때문에
하나의 음악, 하나의 도자기처럼 그 자체로 독립된 예술품일
수는 없다. 소설은 시대와의 합작품이다.

—

우리나라뿐만 아니라 어느 나라에서든 소설은 서민들의

편이었고, 머슴방이나 목로주점이나 여자들의 방에서,
말하자면 천한 자리에서 피어난 야생화 같은 것이었다.
소설 발생의 당초에 프랑스의 한림원은 시나 비극에 대해서는
많은 관심과 비평과 연구를 했었었지만 소설은 무지한
천민들의 소일거리라 하여 거들떠보지 않았고 소설가를
그 회원으로 천거하지도 않았다. 그러나 브르느 레트의
말대로 신분이 높은 귀족과 풍부한 학식을 가진 학자들이
소설을 멸시하고 돌아보지 않았던 것은 오히려 소설 문학의
발전을 위해서는 불행이 아니라 다행한 일이라고 말할 수
있다.

비록

'비록 ~일지라도'는 고백하자면, 사실 나 자신을 위한
것입니다. "내가 무능할지라도, 내가 죄를 지었을지라도,
내가 남보다 체력이 뒤처질지라도, 내가 나를 어떻게
미워하랴. 나의 존귀함을 지켜야지. 내 마지막 프라이드를
지켜야지. 하나밖에 없는 내 생명인데, 이걸 헛되게 쓰지
말아야지"라고 생각하고 사는 겁니다. 이제까지 내가
타락하지 않고, 많은 사람이 자포자기할 때도, 며칠을
굶어서 하늘이 노랗게 보여도 절망하지 않았던 이유는 바로
우리말이, 문학이 있었기 때문입니다. "분해서라도 이것을
글로 남기리라. 이 원통함을 글로 남기리라."

예술: 진리와 아름다움

추락

알베르 카뮈의 『전락La Chute』에서처럼
떨어지는 세계에 사는 것이 인간입니다.
떨어져보지 않고서는 상승하지 못합니다.
지렛대는 한쪽이 아래로 내려가야 다른 쪽이
올라갑니다.
　　―

아무리 세속의 조건이 나를 행복하게
한다 하더라도 나는 꿈(문학)속에서
늘 추락하리라. 나의 지식으로부터,
재력으로부터, 명성이나 박수 소리로부터
자진해서 추락하는 꿈을 꾸어야만
내 신장은 멈추지 않고 커갈 수 있을 것이다.
사막의 신기루에 속지 않기 위해서.

이야기

정보는 생선이라고 할 수 있습니다. 그대로 두면 썩어요.
그런데 이야기는 씨앗입니다. (…)
서양의 그리스 신화는 몇천 년이 지났는데도 살아 있습니다.
정보는 다 사라졌지요. 당시의 아테네로 들어가는 길 같은
정보는 사라졌지만, 그 그리스인들이 만들어낸 이야기의
DNA는 몇천 년이나 이어지고 있습니다.

반물질

태초의 공간에는 물질과 반물질이 있었다고 합니다.
상반하는 이 플러스 물질과 마이너스 물질이 서로 부딪치고
결합하면서 거대한 빛의 에너지로 바뀌었다고 합니다.
그런데 불행인지 다행인지 플러스 물질이 마이너스 물질보다
조금 더 많아 빛이 되지 못한 채 남아 있는 것이 바로 우리가
살고 있는 이 물질계라고 합니다.
나의 몸, 나의 집은 태초에 빛이 되지 못한 플러스 물질의
파편들 가운데의 하나라는 겁니다. 그래서 지금이라도
반물질을 만나면 그것들은 곧 빛이 되고 섬광이 되어
사라진다고 합니다.
시의 언어는 반물질인가 봅니다. 리얼한 것, 물질적인 것,
만질 수 있는 견고한 것. 시의 언어는 이러한 물질들과
결합하며 빛이 되려고 합니다. 태초의 빅뱅을 일으킨

예술: 진리와 아름다움

195

つたい形をしているが、わばり道具が人間と

開いたり人形をしている。しかし強子は使う

人の条件の一つ開かれたり、閉じたり、その物

んがいつの時服によって一つの物

によって一代に成る、日本のシンボルである

込み信代が、言葉回報、親子型に属している

物のであった。ほう時は閉し

そうになら、場合は宮んで 強一歳に、俵教

んで置一たのである、僕まりの室内用代が、

2

縮み志向の道具観

　　　　　李　御寧

日本人の貿易摩擦、中一センは扇子であった。

その骨、中国宋)を始め、ヨーロッパのすみ村

まで、日本の扇子が、広まったのは、それ

が、団扇とは違び、折自器ことができる機能

をもっていたからである。ほんのわずかな考

至のように見えるが、団扇と扇子は人と道具の

빛의 대폭발, 그 모양과 축소, 시는 반물질의 추억으로
지금 거친 모래알들을 화약처럼 폭발시켜 불꽃을 만들려고
합니다.

음악

음악 그 자체가 우리에게 있어서는 이미 시원적인 것입니다.
모든 것이 시작되는 그 근원에는 음악이 있습니다.
그리고 모든 것이 끝나는 그 자리에도 음악이 있습니다.
영원한 회귀, 그렇기에 음악은 인간의 영혼에 가장
가까운 자리에 있다고 할 것입니다.

—

의미 이전의 세계. 그것이야말로 가장 순수한 세계이다.
하지만 등에 언어의 혹을 메고 다니는 인간은 약대가
바늘귀로 들어갈 수 없듯이 그런 세계로 들어갈 수는 없다.
음악만이 그 바늘귀로 자유로이 왕래한다.

—

우리는 음악을 듣는 것이 아니라 음악 속에 있다.
언어나 색채는 언제나 우리 앞에서 속삭이고 있는데
음악은 우리의 영혼 안에서, 한 번도 경험해보지 못한 미지의
영혼 속에 있다. 그것은 우리를 영원 속으로,
실재하지도 않는 영원 속으로 밀어내고 있는 것이다.

의미

의미의 세계란 반드시 절대의 세계가 아니고 자기 주관을
나타내는 연결된 세계입니다. 그렇기 때문에 의미의
세계에서는 하나의 그릇이 무엇을 담는 것이 아니라 하나의
사물로서 원추형으로 보이는 것만을 말합니다.

비평

비평가의 진짜 도구는 펜이 아닌 망치예요. 자기 자신과
자유로운 문학적 상상력을 숨 막히게 가두고 있는 벽을
부수는 망치질부터 시작하는 거지.

—

표층적 의미보다는 항상 심층적인 곳에 있는 의미, 매몰되고
숨겨지고 이유 없이 나에게 암호를 던지는 것들,
이런 불가사의 세계가 있기 때문에 나는 비평 작업을
계속할 수가 있다. 소모될 대로 소모된 외계의 풍경과는 달리
그것들은 어둠 속에서 갑자기 나를 습격한다.
예상치 않던 견고한 광맥의 한 덩어리가 폭력처럼
내 사고의 곡괭이와 부딪쳐 섬광을 일으킬 때 나는 여섯 살 난
아이처럼 볼을 붉힌다.

천재

천부의 예술적 재능을 지니고 태어났다는 것은 어떤 면에서

행운이 아니라 장애인 같은 고난의 핸디캡을 지니고
이 세상에 온 존재라는 뜻입니다.

예술가

망가진 사람들, 그러나 영혼은 지극히 아름다운 이 사람들은,
끝없이 하강하면서 지렛대의 반대편 끝을 밀어 올립니다.

—

예술가는 진실한 마음의 흔들림과 울림을 느끼는 사람이게
마련이란다. 마음의 파도를 지닌 사람 말이야. 잔잔하게
움직이다가도 느닷없이 거대한 해일처럼 솟구쳐 오르는
파도를 마음에 품은 사람.

—

예술가는 무인도에서 상처를 끌어안고 혼자 괴로워하는
존재야. 어느 시대 어느 사회든 마찬가지지. 그 괴로움의
상처를 받아주지 않고 그의 활만 탐내는 사회는 절대로
풍요로운 사회가 될 수 없어요. 신궁의 파워와 함께
그 상처까지 포용하는 사회와 역사만이 승리와 행복의 영광을
얻는 문화국가를 이루는 것이지.

발자국

꼿꼿이 서서 두 발로 걸어간 인간의 발자국, 모든 것이
죽어 있는 히말라야의 설빙 속에서도 아, 그 뜨거운 생명은

있는 것이다. 생명이 있으면 그 발자국이 남는 것이다. (…)
한 줄의 시를 읽고 한 토막의 소설, 그리고 한 모서리의
생의 의미를 찾는 당신은 생명의 흔적을 남기리라. 지워지고
덮여도, 덮이고 지워져도 그 뜨거운 생의 발자국은 남는다.
그 설인의 발자국처럼 어느 등반대원들이 그것을 발견하여
이곳에 한 인간이 살아 있노라고 말하게 될지 누가 아는가.

극장

극장은 일종의 화장실과도 같다. 온갖 욕망을 배설하기
위해서 사람들은 극장을 찾아간다.

—

돈을 지불하고 울러 가는 극장의 모순. 이 모순이 살아 있는
한 인간에겐 희망이 있다.

희극

희극이 정치적 자유의 산물이고 그 기법은 정치적 압력과
작가의 표현의 밸런스에 있다는 것을 뒤집어 생각해보면
희극의 진가가 무엇인가를 알 수 있다. 그것은 영원한 본질의
세계를 다루는 것이 아니다. 희극은 지금 눈앞에서 벌어지는
사태에 대한 고발이며 그 변혁이다. 서사시도 서정시도
비극도 인생의 '큰 차이'에 관심을 갖는다. 그러나 희극만은
'작은 차이'에 집념하는 예술, 내일보다 오늘이 문제이고,

관념보다는 육체가 앞서는 문학이다.

—

희극 배우들은 성스러운 것을 비속하게 바꿔놓고
엄숙한 것을 천박한 것으로 뒤집어놓는다. 근엄한 권력의
상징인 히틀러의 콧수염도 일단 희극 배우의 세계에 들어오면
채플린의 콧수염이 되어 웃음거리로 변한다.

무언극
무언극은 생명의 신비를 설명할 때 산문을 모방하지 않고
시나 음악을 취한다. 무언극, 그것은 침묵으로 이룩된
음악이다.

르네상스
주어진 것을 바꿀 수도 있다는 것, 인간은 만들어진 것이
아니라 스스로 만들어가고 있는 존재라는 것,
자기가 다름 아닌 자기의 창조자라는 것. 이것이 르네상스의
인간들을 도취하게 한 술이다.

치유
굶주린 자에게는 한 줄의 시가 아니라 한 숟갈의 밥이 있어야
하며, 피 흘리는 상흔자傷痕者에겐 한 토막 소설이 아니라,
한 발의 붕대가 급하다. 언어가 아니다. 사랑으로 뜨거워진

이마를 식히려면 그리운 사람의 그 손이 있어야 할 것이고,
노동으로 피곤해진 육신을 쉬게 하려면 푹신한 침상이
필요하다.

그러나 문학은 환상 속의 매실을 만들어주는 역할을 한다.
타오르는 삶의 갈증을 선인장처럼 자신의 내부에서 흐르는
물(침)로 치유하는 것, 그것이 바로 문학이라는
매림(매실나무 숲)의 환상이다.

이것은 단순한 환상이 아니다. 매림의 상상이 실제로 침을
흐르게 하는 그 생리적 반응을 일으켜주듯이 상상의 언어들은
현실적인 행동의 힘으로 나타난다. 그래서 때로는 그것이
실제로 우물물보다도 더 많은 갈증을 씻어준다.

시인

당신은 시인입니다. 아무리 부정을 해도 분명 당신은
시인입니다. 그렇지 않고서는 당신의 방 창문의 불빛이
여태껏 켜져 있을 리가 없습니다. 남들이 편한 이불 속에서
코를 골고 있을 때에 당신은 눈을 뜨고 시계 소리를 지키고
있습니다. 남들이 그 소리를 듣고 있지 않을 때라도 슬쩍
한두 개 속이지 않고 정말 시계는 제시간의 수만큼
종을 치는지, 당신은 지금 그것을 세고 있는 것입니다.

——

저녁의 잔광 속에서 어둠이 흙 속으로 침몰할 때 시인은 길고

긴 밤의 구속을 가르쳐주어야 한다. 올빼미보다 먼저 우는 새.
시인은 밤을 노래하는 자가 아니라, 항상 밤의 도래를
시사하고 경고하는 존재이어야 한다.

강물

강물이 다 말라버렸다 해서 결코 강이 사라진 것은 아니다.
옛날 부르던 노래가 허공 속에서 사라져버렸다고 해도
아주 없어진 것은 아니다. 어둠이 자유를 삼키고 폭력이
사랑을 터뜨려버렸다고 해도 자유와 사랑은 자취를
감춰버리고 마는 것은 아니다.
어디엔가 있을 것이다.
미로迷路의 길이라도 시인은 상실 뒤에 남아 있는 여운과
잔광과 지하수를 찾아낼 수가 있다. 누구도 말소하지는
못한다. 참된 시인의 기억과 상상력 속에서 노래는 언제나
메아리치고 강물은 마르지 않고 흐른다.

이면

초승달이든 보름달이든 우리는 달의 한 면밖에는 볼 수가
없습니다. 하지만 우리는 누구나 영원히 어둠에 싸여 있는
달의 이면이 있다는 사실을 알고 있기 때문에 볼 수는 없어도
상상할 수는 있습니다.
인간은 달의 경우처럼 죽을 때까지 남이 볼 수 없는

다른 이면을 가지고 삽니다. 그러나 상상력이 있기 때문에, 시가 있기 때문에 그것을 보고 표현할 수가 있습니다.

검열

검열 없는 나라는 없어요. 이솝 시절에도 검열은 있었어요. 문학은 지금껏 그런 사회적·도덕적 억압의 조건 속에서 성장해온 겁니다. 거기서 레토릭, 문학을 문학이게 하는 기법과 기교가 나온 것이지. 검열이 문학의 모든 제약 조건은 아니에요. 언제 문학이 100퍼센트 자유를 누린 적이 있었던가. 검열이 없으면 멋있게 쓸 텐데, 이것만 아니면 기가 막힌 작품이 나올 텐데, 하는 것은 말이 안 돼요. 문학이란 원래 검열에 잘릴 만한 그런 거칠고 현실적인 말보다 더 '본질적으로 무시무시한' 언어를 써야 하는 거거든. 역사와 사회라는 유동적인 세계를 온전히 파괴하고 재창조할 수 있을 만한.

탈주

흔히 문학이라고 하면 의미의 예술이라고 생각하기 쉽지만, 사실은 그렇지 않습니다. 수천, 수백 년 동안 문학은 의미와 투쟁해온 것이라고 해야 할 것입니다. 작가들은 끝없이 의미를 탐구하고 있으면서도 한편으로는 의미의 울타리 밖으로 탈주하려는 모순 속에서 싸워왔던 것입니다.

'의미로부터 도망친다, 관념으로부터 해방된다.'
이런 지우개를 만들어내기 위해서 시인들은 외로운 모험과
새로운 미학에 도전하곤 합니다.

미美

오늘날에 있어서 아름다운 것은 (그것은 가령
비정상적일망정, 오늘의 우리들의 감정 구조는 그렇게 병들어
있는 것이다) 바로 멸하는 것이 부르는 슬픈 몸짓, 슬픈 노래,
슬픈 발자국인지 모른다.

—

토인들의 춤은 전장 속에서 생겨난 것이다. 피를 치르지 않는
미라고 하는 것은 드물다. 미의 가장 큰 대가는 죽음이다.

국적

문학이란 국경이 없습니다. 도스토옙스키는 러시아
사람이지만 그의 작품을 읽으면 참 아름답고 좋습니다.
헤밍웨이? 미국 사람이지만 작품들이 좋아요. 오로지 그들
작품의 좋고 나쁜 것을 느낄 뿐, 미국이 어디에 있고 러시아가
어디에 있습니까? 이처럼 문학을 하는 사람들에게는 국경이
없어요. 민족주의자가 될 수 없습니다. 아름다운 시 한 줄,
그것이 문학인들의 세계요, 그들의 국적이지요.

정답

예술가, 문학가는 해답을 주는 사람이 아닙니다.
질문을 주고, 있는 것을 표현할 뿐입니다.
아파하거나 슬퍼하는 것밖에 못해요.
슬픔이 뭔지, 아프다는 게 뭔지 의사나
심리학자는 알아도 우리는 모릅니다.
우리는 그저 생생하게 보여줍니다.

고난

창조하는 자란 무엇이냐? 사막에 꽃을 피우는 자들이고
캄캄한 어둠이 있기 때문에 빛이 날 수 있는 자들인 것입니다.
별은 대낮에 볼 수가 없습니다. 캄캄하기 때문에 아주 작은
불똥이라도 환하게 빛날 수 있습니다.
캄캄한 밤에 등불을 켜 드는 자, 이게 창조자입니다. 빈 병에
술을 가득 채우는 자가 창조자입니다. 빙이 가득 찼다면 술을
채울 수가 없습니다. 우리들은 빈 병처럼, 사막처럼, 캄캄한
어둠처럼 이런 역사의 고난 속에서 태어났지만 그래서
창조자일 수 있는 겁니다. 고난 없는 창작은 절대 없습니다.

회화

인간은 벽을 만들었습니다. 허허벌판에서 살 수 없었기
때문이지요. 그러나 동시에 벽 속에서는 감옥이나
동굴 같아서 살아갈 수가 없습니다. 벽에 의지하고 벽에
반발하는 앰비벌런스ambivalence(양면가치 병존)에서 회화가
생겨나는가 봅니다. 그림은 벽에 뚫어놓은 마음의 창이기
때문입니다.

원더랜드

스티브 잡스는 스탠퍼드 대학교 졸업식에서 이렇게 말했어요.
"Stay Hungry, Stay Foolish!"

배고픔을 멈추지 마라, 우직한 꿈을 버리지 마라.
끝없는 지적 호기심, 그리고 비전을 찾아 계산하지 않고
어려운 길을 찾아가는 젊은이들의 열정. 학교에서 배운 어떤
지식이나 이론보다도 이 한마디가 사회로 나오는
졸업생들에게는 잊을 수 없는 추임새가 되었을 것입니다. (…)
포식을 하면 사람이나 짐승이나 잠을 잡니다.
사슴을 잡아먹고 나무 그늘에서 잠자고 있는 사자와 호랑이는
먹이를 사냥할 때의 그 사자와 호랑이와는 다릅니다. 먹어도
먹어도 배고픈 것이 지적 호기심이며 창조적 상상력입니다.
남들이 해가 돈다고 할 때 땅이 돈다고 한 갈릴레오는
바보였지요. 그래요. 자전거나 만들던 라이트 형제가 비행기
실험을 할 때 사람들은 모두 바보라고 했지요. 백의종군을 한
이순신 장군도 바보고, 대동여지도를 만들다 옥살이를 한
김정호도 바보입니다. 배고픈 사람과 바보가 만들어가는 세상,
그것을 우리는 '원더랜드'라고 부릅니다.

시름

'시름'과 '근심'은 비슷한 말 같으면서도 근본적으로 다르다.
시름은 무엇인가 아름다운 것을 창조하는 정서이다.
음악을 낳고, 시를 낳고, 신을 향한 기도를 낳는다.
시름은 예술과 문화의 모태라고도 할 수 있다.

함께

오렌지는 자기 혼자 먹어야 배부르지만, 시나 음악 같은
창작의 열매는 여럿이 나누어 먹을수록 더 배가 불러진다.
말하자면 '효용'이 아니라 '감동'이나 '이상'을 추구하는
저작물은 비록 그 소유권을 도둑맞는다 해도 완전한 손실만이
있는 것은 아니다.

내면

리빙의 세계에서 릴케는 처세술도 모르고 살아갈 방도가 없는
무능력자였지만, 내면의 세계에 들어갔기 때문에 우리에게
생명을 만져볼 수 있는 힘을 주었습니다.

창세기

예술가를 지망했던 젊은 시절 나는 하나님을 믿지 않으면서도
성경의 창세기를 자주 읽었다. 무엇보다도 "빛이 있으라
하시니 빛이 있었고(창세기 1:3)"라는 구절이 나에게는
큰 감동으로 다가왔다. 생각해보라. 그 칠흑 같은 어둠,
아니 그저 어슴푸레한 박명이라도 좋다. 그 어둠을
무너뜨리며 창조된 빛이 쏟아져 나오는 눈부신 그 순간을
생각해보라.

고전

무엇을 어떻게 읽느냐 하는 것은 사람에 따라
다르고 시대에 따라 차이가 있겠지만,
우선 고전부터 읽으라고 권유하고 싶다.
고전이란 단순히 옛날 책을 의미하는 것은 아니다.
그 내용은 변함없지만 언제나 새로운 자양을
공급해주는 것, 몇 세기를 두고 마르지 않는
샘처럼 새로운 힘을 가지고 있는 것이
바로 고전이라 하겠다.

공감

저에게 독자란 함께 공감을 나누는 동반자지요. '감동'을
한자로 써보세요. 사람은 느껴야感 움직動입니다.
에너지가 부족해서 언제나 배가 고프고 그래서 또 이렇게
글을 씁니다.

독창성

아름다운 말, 영원한 말, 가슴을 치는 말 들은 한 사람의
말이 아니라 수천, 수십만, 수백만의 사람들의 허파를 통해서
나오는 음성이고, 그 머리를 통해서 나오는 진리의
언어들이다. 내가 천재라고 말하지 마라, 내가 독창적인 말,
내가 말 꾸민다고 생각하지 마라.

틈

우리는 일평생 살면서 아주 가까운 사람이 죽거나,
아주 슬픈 영화를 보거나, 정말 좋은 문학작품을 볼 때,
가슴이 찡해오는 얼마 안 되는 시간을 경험합니다.
저는 이것을 얼음이 쪼개진 틈으로 비유합니다. (…)
강물이 꽝꽝 얼어붙었는데 거기에 금이 가서 만들어진 틈,
살다 보면 그런 틈에 빠집니다. 그게 생명이에요.

탈출

시인처럼 연인처럼, 혹은 광기 어린 사람처럼 일상성에서
탈출하는 탈영병이 되어라. 그 행복한 우연의 오타와
오역 속에서 당신은 때때로 바늘귀를 향해 뛰어오르는 낙타의
놀라운 천국을 볼 것이다.

7

종교: 신과의 대화

신

의지해야 할 사람이 필요하다. 그것이 불가능할 때 인간은
신을 찾는다.

—

사전에는 '집'이라는 표제어 다음에 설명이 있지 않은가?
집은 언어고 그걸 설명해주는 것이 메타언어이다.
그처럼 여기서 살고 있는 존재를 설명해주는 존재,
그게 메타존재이다. 그것을 체험이라고도 하고,
영성이라고도 하고, 믿음의 세계라고도 하는데
그것을 증폭시키면 신이라는 존재에 이른다.

씨앗

환희와 비탄으로 가을을 준비하고 계신 하나님, 당신은 지금
벌판과 숲에서 바쁜 일손을 마치고 땀을 식히고
계실 것입니다.
햇빛이 조금씩 기울어가고 얼마 안 있어 열매가 떨어진
황량한 숲에서는 바람 소리가 들려오겠지요.
괜찮습니다. 위로해주시지 않아도 알아요.
시인은 언제나 당신처럼 환희와 비탄 속에서
언어의 열매를 따고 그러다가 다 채우지 못한 광주리 곁에서
깊은 졸음에 잠기지만, 그 열매에는 내일이 잠들어 있는
씨앗들이 있으니까 외롭지 않습니다.

거리

인간은 무엇을 사랑하기 위해선 먼 거리가 필요하다.
우리가 신을 완벽한 대상으로 갈구하는 것도 실은 인간의
손길이 닿지 않는 영원한 곳에 그가 머물러 있기 때문인지도
모른다.

그럼에도 불구하고

끝없이 방황하고, 끝없이 멈추고 회의하지만 어느새 자기도
모르는 사이에 자기가 원하는 땅, 세속적인 곳에서는 몰랐던
새로운 땅에 도착한다. 믿는 자에게 가장 중요한 것은 아마도
'그럼에도 불구하고though'라는 말일 것이다. 이 귀중한 단어
하나 때문에 나는 다시 일어서서 외치는 돌이 되고자 했다.

중간자

신과 생물의 중간자로 인간이 있기에, 인간은 슬픈 존재고
교만한 존재지. 양극을 갖고 있기에 모순을 안고 살아갈
수밖에 없어.

의식주

역사적으로 보면 인간은 하늘을 나는 새, 땅의 백합화처럼
살던 때가 있었다. 통계를 내보면 그때 사람들은 12시간을
잤다고 한다. 하루 나가서 사냥을 하고 열매를 따 오면

사흘을 놓았다고 한다. 그 사람들은 무엇을 먹을까 입을까
걱정하지 않은 것이다. 인간이 농사를 짓기 시작했다는 것은
더 이상 하나님을 믿지 못하고 스스로 의식주 문제를
해결하려 했다는 것이다. 그래서 문명을 만들고 결국
그 문명은 인간의 종말을 불러오고 있다.

단절

단절된 하늘의 일과 말, 그리고 땅의 일과 말을 다시
이어주는 것! 그것이 종교이며 그 필요성이지요.

원죄

부족한 인간이 마치 전능한 신처럼 지식과 지혜를 갖고
선악을 판단하려고 하는 그것이 바로 원죄예요. 원죄에서
벗어나는 사람은 없어요. 우리는 다 자기가 옳다고 생각하고,
지혜를 가졌다고 생각하며, 남을 심판하려 하니까요.

탕자

모든 사람은 탕자입니다. 돌아올 집이 있기 때문에 구제받는
것입니다. 돌아올 집이 없는 것이 서러운 것이지, 탕자라서
서러운 게 아닙니다.

외로움

철학자 중에, 예술가 중에 인간이 외롭지 않다고
말한 이가 있는가? 외롭지 않은 척, 친구가 많은 척,
많은 것을 가진 척할 뿐이다. 한밤중에 잠이 깼는데
시계가 댕댕 울리고 비는 내리고 잠이 안 올 때
외롭지 않다고 말할 사람이 누가 있는가?
낮에는 별짓 다하지만 밤에는 여성들이 화장을
지우듯 발가벗는다. 그때가 바로 신(하나님)을
만나는 시간이다.

성경

성경 속에 담긴 말은 하나님의 말씀으로 보면 절대적이고
성스러운 것이지만, 그것을 기록한 것은 사람들이었기에
강물에 비친 달그림자처럼 인간의 말로 굴절되었다는 것이지
요. (…) 성경의 모든 잣대에는 '카논'이 있는데 그게 로고스고
하나님이라는 말입니다. 그 잣대로 오늘날의 성경을 재尺봐야
해요. 요약하자면, 성경은 하나님 말씀을 옮긴 것은 사실이나
인간의 문화인 언어와 문자로 기록된 매체라는 겁니다.
달그림자에 비친 강에 바람이 불거나 물결이 치면 달빛은
'깨진 달빛'이 됩니다. 비록 우리 눈에는 '이지러진 달'로
보이지만 그 원본을 조회해볼 수 있는 카논, 땅에는 없지만
'하늘 위 진짜 모양의 달'을 떠올릴 수 있기 때문에 이지러진
달을 수정하고 본래의 달에 도달할 수 있어요.

사원

이 퇴폐, 이 육체의 번뇌, 이 세속의 환락이 있기에,
그런 몽마르트르가 있기에 그 언덕엔 환상과 같은 사원이
있어야 하는 것이 아닐까. (…)
어둠과 함께 있는 사원만이 살아 있는 사원이다.

갈증

우리는 목이 마르면 쉽게 물을 마실 수 있습니다. 그러니 목이

탄다는 말을 뼛속 깊이 이해하긴 어렵습니다. 도처에 냇물이 있으니까요. 혀가 돌덩이처럼 굳는 사막에서의 갈증이 어떤 것인지 상상하기도 어렵습니다. 갈증을 제대로 아는 사람은 사막에 사는 사람들입니다. 하나님을 갈구하고 "내 영혼을 구하소서!"라고 외치는 절박함을 갈증에 비유하면 우리의 갈증은 사막 사람들에 댈 게 못 됩니다. 믿음과 갈구의 정도는 비례하는 것이니 진짜 어느 쪽의 신앙심이 더 강렬할까요? 요즘처럼 아무 데나 자판기가 있어서 동전만 있으면 목을 축일 수 있는 세상에 불타는 듯한 목마름과 절실함을 느낄 수나 있을까요? 잠시 갈증을 달래주지만 나중에는 더 목마르게 하는 자판기 탄산음료 같은 가짜 진리는 어쩌면 우리를 더 종교적으로 이끌지 모릅니다.

흰

흰면 흴수록 더러워지기 쉬운 것처럼 성스러우려고 할수록 역풍이 심해집니다. 자기 힘에 넘치는 막중한 소명을 약속하면 거짓말쟁이가 될 수 있습니다.

영혼

과학 실험에 의하면 영혼의 무게는 28그램밖에 안 된다고 한다. 라면 한 젓가락의 무게밖에 안 되는 영혼이 있기에 무신론자들도 이따금 기도를 한다.

까마귀

노아가 방주에서 물이 줄었는지 알아보라고
먼저 까마귀를 보냈습니다. 까마귀가
검다고 해서, 시체를 파먹는 새라고 해서
임무조차 주지 않았던 건 아닙니다.
저는 이 부분이 더 중요하다고 생각합니다.
저 사람은 한 번 죄를 지었던 사람이니까,
저 사람은 날 한 번 속였던 사람이니까
그들을 섣불리 단정 짓는 것은 옳지 않다는
것입니다.

여호와

'미美의 사과'를 놓고 세 여신이 다툴 때, 파리스 왕자가
그 심판을 맡는다. 여신들은 파리스를 자기편으로 만들기
위해 서로가 '명예'를, '부귀'를 그리고 '미녀'를 주겠다고
뇌물 공세를 편다. 파리스는 파리스대로 미녀 헬레네를
주겠다는 아프로디테의 말에 가장 구미가 당겼기 때문에
약속을 받고 정실情實 심판을 한다. 신도 인간도 모두가
부정不正이다. 신들이 이 때문에 양 파로 갈라져 제각기
그리스군과 트로이군을 응원하는 것도 처음부터 끝까지
자신의 이해관계에 얽혀 있던 것이다.

여호와는 그것과 정반대다. 욥을 한가운데 놓고 여호와와
사탄이 대립하게 되었을 때 여호와는 욥이 동방에서
가장 큰 자라는 것을 증명하기 위해서 도리어 욥의 소유물을
빼앗는다. 자기와 욥(인간)과의 관계가 현실적 이해를
초월했을 때만이 값어치가 있는 것이었기 때문이다.
여호와가 사랑하는 욥에게 영광이 아니라 도리어 수난을
주는 의미가 바로 그 점에 있었던 것이다.

탈출

탈출. 인간은 탈출하게끔 운명지어졌다. 신이 내쫓지 않아도
인간은 자진해서 에덴동산에서 탈출했을 것이다.

십자가

인간으로서는 절대로 안 되는 것을 인간이 할 수 있다고
생각하는 데서 오만이 생긴다. 인간의 힘으로 영생을 얻을 수
있고 사랑할 수 있고 내가 네가 될 수 있고 행복할 수 있다고
믿는 것이다. 하지만 인간으로서는 절대로 그렇게 할 수
없다는 것을 깨달을 때, 즉 인간의 한계를 알 때
우리는 각자의 십자가를 짊어질 수 있게 된다.

인간

인간이란 흥행적 가치는 충분한지도 모른다.
그러나 묵상하기에는 너무도 지저분한 대상이다.
인간이란 본시부터 신과는 거리가 있어야 할지 모른다.

초자연적

"비 내리는 이 저녁 바람은 휴식이 없습니다. / 나는 바람에
흔들리는 나뭇가지를 보며 / 만물의 위대성을 깊이
생각해봅니다."
타고르의 그 심정처럼 나의 이욕과 한 민족의 군림이
아니라 인간의 현세를 뛰어넘는 우주의 온갖 것,
그 초자연적인 위대성에서 행복을 찾는 것. 그것이 종교의
문이라고 말할 수 있다.

울음

항상 우리가 겪고 있는 시간은 오늘이지.
오늘만 울게 하소서라는 것은 영원히
되풀이되는 그 오늘을 울게 해달라는
이야기이기도 해. 내일은 천국이니까
살아 있는 오늘, 이 지상에서는 계속 울게
해달라는 뜻이었어.

양식糧食

생각해보아라. 신은 무엇을 먹고 사는가? 대체 신의 양식은
무엇인가? (…)

흙이 수액이 되고, 수액이 양들의 피가 되고, 양의 피가
표범의 피가 되고, 표범의 피가 인간의 피가 된다.

먹히는 자보다 언제나 먹는 자의 그 생명체는 의식이나
감정, 신경, 지식, 그 모든 것의 수준이 사다리의 층계처럼
높아져간다.

표범을 잡아먹을 수 있는 인간은 표범보다 슬기로워야 한다.
마찬가지로 신들의 식탁에 바쳐진 인간보다 신은 슬기로워야
하는 것이다. 지고한 영혼, 맑은 지성, 뜨거운 그 탄식과 눈물,
인간들이 흘리는 그 정신의 혈액을 하나의 술잔으로 마시고
있는 신들, 우리는 그 식탁을 잠시 들여다보는 것만으로
현기증을 느낄 것이다.

채찍을 맞지 않은 가장 여린 고기라 할지라도 인간들이
바치는 그 속죄양의 기름 같은 것으로 신들의 공복을 채울 수
있겠는가? 그러나 인간이라 할지라도 모두가 다 신의 양식이
되는 것은 아니다. 미천한 토끼나 다람쥐라 하더라도
가장 연하고 탐스러운 풀이나 열매부터 가려서 먹지 않는가?
신들은 인간의 가장 큰 고뇌, 가장 높은 지성, 가장 순수한
마음, 그러한 인간들 영혼의 혈액이 아니면 외면을 할 것이다.
신들의 식탁에 오른 가장 값진 한 방울의 술, 가장 연하고

아름다우며 투명한 그것은 대체 누구의 것일까?

틈

부부, 한 몸 같지요? 부부 사이인데, 아내의 신발을 내가 못
신습니다. 이것이 우리의 실존이에요. 아무리 가까워도
'너는 너, 나는 나'라는 외로운 실존입니다. 아무리 어머니가
나를 으스러지게 껴안아도 틈이 있어요. 어머니가 내 아픔을
대신할 수 있나요? 눈 오는 날, 내가 머리가 아픈데 어머니가
밖에서 늦게 들어오셔서 이마를 짚어주지만,
어머니의 차가운 손을 통해 느끼는 것은 내 뜨거운 이마인
거죠. 이게 슬픈 겁니다. 어머니가 아무리 가까운 존재라
할지라도 어머니를 통해 보는 것은 나이지,
어머니가 아닙니다. 이것이 우리의 원죄이고 실존이며,
하나님 앞에서의 외로움입니다.

최후의 만찬

레오나르도 다빈치의 걸작 〈최후의 만찬〉에는 식탁에
올려놓은 예수님의 두 손이 그려져 있습니다. 한 손은 주먹을
쥐고 있고, 한 손은 손바닥을 펴 보이고 있습니다. 아이들이
장난하는 가위바위보로 치자면 예수는 제자들을 향해 주먹과
보자기를 동시에 내민 셈입니다.
한쪽은 받아들이는 손이고, 한쪽은 악을 징벌하는, 유다를

향해서 너 할 바를 하라고 하며 유다를 징벌하는 손입니다.
정의의 손과 사랑의 손, 이 두 개의 손이 있는 것이죠.
이것을 결합한 것이 그 위에 후광이 퍼져나가는 예수님의
얼굴이십니다.

죽음

뭐라고 이름 붙이든 죽음이 있는 곳에는 반드시 종교가
있습니다. 인간이 어찌할 수 없는 것, 제왕도 부자도
어떤 건강한 사람도 절대 피할 수 없는 게 있는데
그게 죽음입니다. (…) 죽음을 통해 우리는 사랑을 배우고,
죽음을 통해 생명을 배우고, 죽음을 통해 하나님의 공평을
알게 된다는 겁니다.

심지

물질이나 지식이나 지혜 같은 것은 사실 심지예요.
촛불은 심지가 타지 않기 때문에 빛을 낼 수 있죠.
별것 아닌 심지 때문에, 심지가 안 타기 때문에 빛이 나와요.
이것이 역설이라는 겁니다. 그래서 종교에서 육체를 무시한
채 영靈을 강조하는 것은 가짜예요. 육체는 촛불의 심지고
영은 거기서 타오르는 불빛이므로, 절대로 심지 없이 빛이
타오를 수 없어요.

집

우리는 끝없이 움직이고 방황하는 사람들이지만
집이 있기 때문에 같이 있을 수 있고, 쉴 수 있고, 거점이 있는
것입니다. 대개 도둑이나 범죄자의 신상 기록을 보면
'일정한 주거 없음' '거주지 불분명'이라고 되어 있잖아요.
하지만 주민 등록지에 자기 주소를 쓸 수 있는 사람은
집이 작든 크든, 셋방이든 뭐든, 내가 거할 곳이 있는 것이죠.
주님을 거할 집으로 생각하든, 내 가족을 거할 집으로
생각하든, 종교든 비종교든, 집의 가치를 아는 사람,
'둥지가 있는 새'만이 멀리 날아갈 수 있습니다.
고향이 있기 때문에, 고국이 있기 때문에 이민도 갈 수 있고
다른 나라에 가서 장사도 할 수 있는 거지요. 소유로 채우는
집은 존재의 거점이 될 수 없습니다.

빈집

제가 주님을 맞이하게 된 궁극적인 테마는 빈집이었어요.
영혼으로 가득 찬 집이 아니라 비어 있는 집. 저는 어두운 게
싫어서 집에 불을 켜놓고 다녔어요. 집이 언덕 위에 있었는데
바깥에서 돌아올 때 멀리서 보면, 토요일이나 일요일에 다른
집에는 불이 없는데 우리 집만 빛이 나요. 거기를 내가 사는
곳이라고 죽어라 하고 가지요. 그러나 거기는 아무도 없는
빈집이에요. 집에 가재도구가 있고 책이 있고 살림이 있으면

자기 집이 텅 비었다는 생각을 못 해요. 인간은 자기 집에 뭔가가 충만해 있다고 생각하면 절대 주님을 맞이할 여지가 없어요. 집이 비어 있어야 여러 가지 것으로 채울 수 있죠. 빛으로 채우거나 영혼으로 채우거나 향기로 채우거나 할 수 있어요.

종교

밤을 죽음이라고 보면 태양은 빛이고 생명입니다. 아침은 반드시 어둠을 통해서 옵니다. 생명은 반드시 어둠을 앞에 두고 있습니다. 빛과 어둠 사이에서 우리가 태어났기 때문에, 또 거기서 죽기 때문에 인간은 하나님을 믿든 안 믿든 이미 죄지은 자이자 죽어야만 하는 존재예요. 그 죽음을 그냥 죽는 게 아니라, 매장을 하고 꽃으로 장식하며 뭔가 죽음을 뛰어넘을 수 있는 능력을 얻으려 하죠. 이 현실과 꿈, 죽음을 뛰어넘으려 하고 영원한 생명을 얻으려 하는 그 마음속에서 종교가 생겨나는 것이지요.

공동체

생명을 아는 사람이라면 어느 누구와도 대화가 되고, 끌어안을 수 있고, 같이 눈물을 흘려줄 수 있습니다. 기독교가 강한 이유가 생명 공동체라서 그래요. 이해집단이 되면 어떤 공동체라도 분열되고 싸웁니다.

창조

나는 창조의 힘을 믿는다. 상상력을 가진
사람은 신을 믿게 되고 신의 존재,
즉 창조자로서의 힘을 결국 인정하게 된다.

7장

병

종교와 가장 가까운 것이, 인간이 종교에 다가갈 수 있는 가장
가까운 지름길이 병이라는 생각에 머리맡의 체온계를 치웠다.
모든 병 속에는 종교의 광맥이 묻혀 있다고 생각하면서.

세례

세례란 물로 씻는 의식이 아니라 가슴 깊이 묻혀 있었던
온천수의 뜨거운 수맥을 퍼 올리는 것이다. 그것이 그때 흘린
눈물이었다.

영성

과학은 설명할 수 있는 것을 설명하며, 예술은 설명할 수
없는 것을 설명합니다. 종교는 설명해서는 안 되는 것을
설명합니다. 종교적 현상은 체험할 수 있을 뿐입니다.
그것이 영성입니다.

—

사막처럼 척박한 환경에서의 굶주림과 갈증이 정신적으로
승화되는 종교가 기독교입니다. 『성서』는 일관해서 가장
굶주린 단계인 배고픔부터 가르쳐주고, 거기에서 나아가
또 다른 배고픔과 갈증을 가르쳐주고, 마지막에는 영성에
도달하는 갈증을 가르쳐줍니다. 내가 『성서』에서 발견한 것은
갈증과 굶주림이 영성으로 인도한다는 사실입니다.

아멘

누가복음(11:1~4)과 마태복음(6:5~15)에서 예수님께서
일러주신 주기도문의 끝에는 원래 아멘이라는 말이 없었다고
합니다. 다만 그 기도가 거짓이 아니라 진실 그대로라는 것을
다짐하고 확신하는 말로, 후에 신도들이 그렇게 붙인
것이라고 합니다.
세속적인 문화로 풀이하자면 판소리에서 감동이 생기면
추임새를 하듯이 자신의 기도가, 그리고 목사님의 말씀이
가슴을 칠 때 자신도 모르게 나오는 감탄사라고 하는 것이
옳을 것입니다.

칼날

무당들은 왜 시퍼런 작도날 위에 올라서서 춤을 추는가?
그것은 편편한 흙길이 아니다. 넓은 마당이 아니다.
선선한 마룻바닥이거나 누워서 잠자던 방바닥이 아니다.
그것은 소용돌이 위에 걸려 있는 머리카락 같은 다리 혹은
숨 막히는 좁은 굴속, 현기증 나는 위험한 벼랑이다.
그런데 왜 무당들은 평탄한 땅을 두고
시퍼런 칼날 위에서 춤을 추는가.

역설

우리가 흔히 믿고 있는 불행을 예수는 도리어 행복이라고

가르쳤다. 역설을 알았던 예수는 그만큼 현실주의자였다.

금제禁制

『성경』의 첫 구절은 자유의 언어로부터 시작하는 것이 아니라
금제와 구속의 언어로부터 시작된다.
생의 출발도 마찬가지다.

길

'태초에 길이 있었다'는 『성서』의 말이다.
그러나 길이 있기에 인간은 또 방황할 수밖에 없다고
나는 적고 싶다.

참회

눈물이 사라져간다는 것은 사랑만이 아니라 참회의 문화도
사라져가고 있음을 의미하는 셈입니다. 그런데도 사람들은
눈물 없는 세상을 원합니다.

—

하나님이 우리에게 주신 가장 큰 희망은 참회, 눈물 흘리고
가슴 찢고 내가 잘못했다고 하는 것입니다.
그것만이 우리가 죄를 씻을 수 있는 유일한 방법입니다.

밤

밤의 의미를 잃어버렸다는 것은 신의 의미를, 종교의 의미를
잃어버렸다는 뜻이기도 하다. 밤에는 온갖 귀신과 도깨비가
나온다는 우리의 미신을 과학자적인 이성으로 비웃어서는
안 된다.

인간이 살아가려면 대낮의 이성도 필요하지만 밤의 신비 또한
필요한 법이다. 망령들의 시각은 종교의 시각이다.

우리는 그 새벽닭이 울기 전에 타산과 공리 속에 젖은 속세의
나를 적어도 세 번 이상 부정할 줄 알아야 한다.

영원

우리는 어머니의 자궁에서 태어나서 마지막에는 무덤으로
간다. 즉 아기집과 죽음의 집(무덤을 유택이라고 해서 죽음의
집을 뜻함), 이 두 사이에 있는 인간의 삶이 어찌
온전하겠는가.

우리는 모두 깨지기 쉬운 생명을 호주머니에 넣고 다니는
것과 같다. 늘 불안하고 믿지 못하고 벌벌 떤다.

그것이 우리의 짧고 덧없는 삶이다. 그러니 이제라도 영원의
집을 장만하자.

기도

한밤중에 아프고 슬프고 아직도 방황하는
사람들이 불을 끄지 못한 채 있어요. 그것이 나의
제단입니다. 나의 제단은 교회가 아닙니다.
나는 글을 쓰는 사람이기에, 불 켜져 있는
한밤중의 창문들을 보면 여러 생각이 듭니다.
그때의 나는 나만을 위해 기도했던 지난날과
달라서 "주님, 이 밤중에 잠들지 못하는 자들이
있습니다. 그들의 영혼, 불 끄고 편한
잠을 자지 못하는 그들의 영혼을 편히 쉬게
하소서. 그리고 다음 날 일어나 부족한 대로
또 사람의 아들로 조금씩 쌓아가며
어제보다는 나은 삶을 살게 하소서"라고 빌어요.

벌

인간에 대한 신의 문책. 차라리 분명하게 고백할 수 있는
죄라도 가지고 있었더라면….

탈무드

'만약에 두 개의 머리를 가지고 태어난 아이가 있다면
그 아이를 두 사람이라고 할 것인가?
한 사람이라고 할 것인가?'
『탈무드』 경전은 이러한 가설을 만들어놓고 생에 대한
다양한 시점을 논하고 있다. 그러나 우리들의 관심을 끄는
것은 그것을 식별해내는 기준과 그 방법에 대한 『탈무드』의
명쾌한 해답이다. 한쪽 머리에 뜨거운 물을 붓고
다른 쪽 머리의 반응을 살펴보면 알 수 있다는 것이다.

8

우리: 너 누구니

감각

한국의 문화는 감각성의 총화에 그 특성이 있다.
시각, 청각, 후각, 촉각, 미각이 따로따로 해체되어 있는 것이
아니라 이 모든 것이 교향곡처럼 앙상블을 이루고 있는 곳에
총체적인 생의 이상이 있었던 것이다.

자세

본 적이 있는가? 어느 아침에 하늘로 날아가던 새들이 일제히
방향을 바꾸어 급선회하는 그 삽상한 변화를.
까맣게 사라져가던 점들이 황금빛으로 번뜩이면서,
가깝게 다가오고 있는 그 긴장.
그때 당신은 한 세계가 바뀌고 운명이 달라지는
새로운 순간의 자세를 볼 것이다.

정반대

윤선도尹善道의 시조 중에
'강촌 온갖 꽃이 먼 빛에 더욱 좋다'는 것이 있다.
그는 꽃을 보기 위해서 도리어 꽃으로부터 멀어지려고 한다.
테니슨의 시「금 간 벽」에 나오는 시와는 정반대이다.

비교

꾀꼬리는 울 때 그 특성이 나타나고 공작은 날개를 필 때

비로소 그 아름다움이 드러납니다. 꾀꼬리와 공작을 하나의
기준에서 비교할 수 없는 것입니다. 꾀꼬리가
공작보다 날개가 밉다고 해서 그보다 못하다고 한다면,
우리는 정반대로 공작이 꾀꼬리보다 잘 울지 못하기 때문에
그보다 못하다고 말할 수 있을 것입니다. 우리는 먼저
우리 문화의 특성이 무엇인가를 냉정한 눈으로 바라봐야
합니다. 그리고 그것이 남과 어떻게 다른가를 심층적으로
이해하는 안목을 길러야 할 것입니다.

모국

우리 한국 사람들은 배산임수 속에서 몇천 년을 살아왔다.
외국 어디를 나가도 눈만 감으면 보이는 그곳, 그 산과 강을
가졌기 때문에 우리는 먼 곳을 떠날 수가 있다. 둥지를 가진
새는 멀리 떠날 수가 있는 법이다.

무지

치매가 별건가? 자신의 전통, 살아온 역사, 그 문화를 잊으면
그게 바로 치매 환자인 게야. 지금 수천만의 젊은이들은
초가지붕이 어떻게 생겼는지도 잘 몰라. 민속촌에나 가야 알지.
초가집에 관한 한 치매 환자가 된 거야. 그걸 의사가 고쳐? 아니
야. 우리 할아버지의 할아버지가 살던 초가가 어떤 것인지 가르
쳐주고, 그걸 눈앞에 재현해주는 일은 지식인들이 해야 하지.

가위바위보

예수는 두 주먹을 쥐지도 않았고 두 손을 모두 펴지도 않았다.
주먹과 보자기… 그러기에 그는 생의 가위바위보에서
이길 수가 있었다. 주먹의 언어와 보자기의 언어를
동시에 가질 수 있는 시인은 예수처럼 슬프고도 행복하다.
그리고 비로소 우리는 그 끔찍한 가위를 이길 수가 있다.
모든 것을 분할하고 토막 내고 갈가리 찢어버리는 가위의
언어를 막을 수 있다. 단지 방어하는 것만이 아니라, 우주와도
같은 보자기의 품 안에, 자신이 내민 주먹까지도 감싸버린다.

———

무언가를 결정할 때, 서양 아이들은 동전을 던지지만 아시아
아이들은 가위바위보를 한다. 앞이냐 뒤냐 그 단면만으로
결정하는 동전은 '실체'이며 '독백'이다. 하지만 상대의
손과 만났을 때 의미가 생기는 가위바위보는 '관계'이며
'대화'이다.

———

동전 던지기는 사물을 사용하므로 혼자서도 할 수 있지만
손을 사용해 승부를 내는 가위바위보는 말 그대로 상대가
없으면 할 수 없다. 따라서 동전 던질 때는 떨어져 굴러가는
사물의 움직임에 주목하지만, 가위바위보를 할 때에는 사람의
마음을 읽는다.

양면성

우리나라 말에는 모순개념이나 반대 운동을 하나로
묶어놓은 것들이 많다. (…) '왔다갔다'라는 말,
'오락가락'이라는 말, '보일락 말락'이라는 말.
'하는 둥 마는 둥' '먹는 둥 마는 둥'
그래서 심지어는 '시원섭섭'이란 말까지 있다.
서양의 논리는 아리스토텔레스 때부터 흑이면 흑,
백이면 백이어야 한다는 배중률排中律에 의존해 있다.
인생을 한쪽으로 바라본다. 그래서 드나드는 문을
놓고도 나가는 것이냐, 들어오는 것이냐의
한 개념만을 택하려 든다.
그러나 이 세상은 그렇게 한쪽으로만 되어 있는
것이 아니다. 빼닫이란 말에서 보듯 우리의 슬기는
인생을 오는 것도 아니요, 가는 것도 아닌
오락가락하는 양면성으로 바라본 데
있는지도 모른다.

판

한국말의 '판'은 번역이 안 된다. 우리는 '판 깨졌다' 하면
알아듣는데, 서양 사람들은 모른다.
판이라는 것은 열려져 있고 동시에 닫혀져도 있는 것이다.
그렇기에 하드웨어일 수도 있고, 소프트웨어일 수도 있는
아주 묘한 것이다. 어떤 조직이든지 사회조직이라고 하는
것은 계급이나 직업에 따라 정직이 되어 있는데,
그런 일상적인 것에서 이벤트가 열리면 그것이 판인 것이다.
예부터 구경판, 시장판만 벌어졌다 하면 애고 어른이고,
양반이고, 상인이고 나이와 직업에 구애받지 않고
불특정 다수의 관중들이 모여들었다. 계급 구별도 없고
남녀 구별도 없이 하나가 되었다. 여러 사람들이 다 어울려서
한복판으로 모이는 그런 분위기가 바로 우리들의 판이었다.

보자기

가방과 보자기의 차이는 단일성과 다의성이라는
기능 면에서도 드러난다. 가방에 걸리는 동사는 '넣다'
정도이지만 보자기는 '싸다' '쓰다' '두르다' '덮다' '씌우다'
'가리다' 등 헤아릴 수 없이 많다. 도둑이 '쓰고' 들어와서
'싸 가지고' 가는 것이 보자기다. 그러다가 철조망에 긁혀
피가 흐르면 이번에는 그것을 끌러 '매'면 되는 것이다.
복면도 되고 가방도 되고 붕대도 된다. (…)

만약 모든 도구, 모든 시설이 가방이 아니라 보자기처럼
디자인되어 유무상통有無相通의 철학을 담게 된다면 앞으로의
인류 문명은 좀 더 인간적이고 좀 더 편하지 않겠는가.
보자기에는 탈근대화의 발상이 숨어 있다.

도道

도는 언어와 행동이 함께 있는 상태를 의미한다. 프로메테우
스의 후예들인 서양인들이 추구한 것은 '도'가 아니라
'술術기술'의 세계였다. 가령 에밀레종을 만들 때 신라인은
과학적 기술에만 의존한 게 아니라 목욕재계하고 정성을
드렸다. 그것이 아기를 넣었다는 설화의 상징성으로 나타난다.
물질만으로 만든 것이 아니라 생명을 불어넣은 것, 이것이
'술'과 '도'의 차이라 할 수 있다.

어부바

'업는다'는 것은 무엇이며 '업힌다'는 것은 무엇인가.
약자가 강자를 업는 것은 어부바 문화가 아니다.
가마꾼이 가마 탄 사람을 메는 관계도 아니다.
그것은 이해관계에 불과하다.
업혀서 미안하고, 업어서 힘겨운 관계가 아니라는 것이다.
갑과 을의 관계에서 어부바 문화는 존재하지 않는다.
어부바 문화의 원형은 모자 관계에서 생겨났다.

그것은 어른이 아이를 업어주는 관계다. 강한 자가 약한 자를 업어주는 것이다. 엄마가 아이를 업고, 장성한 자녀가 연로한 부모님을 업는다. 이는 생명에 대한 배려이자 상대에 대한 사랑이다. 업어서 좋고, 업혀서 좋다.

여분

피라미드처럼 정상을 향해 솟아 있는 원추형의 고봉, 그 시각적 형태의 아름다움은 단순히 대칭적인 외형적 균제에만 있는 것이 아니다. 그 형태는 여분의 것, 더 이상 쌓아 올릴 수 없는 양의 한계를 나타낸다. 말하자면 무한의 마음을 시각적으로 표현한 것이 바로 고봉의 형태인 것이다. 그릇은 제각기 용량을 갖고 있다. 그러므로 그릇은 이미 그 자체가 한계를 나타내는 저울이요 자인 셈이다. 한국인의 정은 이 틀을 부수고 그 한계를 돌파하는 데서 표현된다. 주어진 그릇의 형태보다 언제나 더 넉넉하고 풍성한 마음이 있음을 나타내려 한다.

초가집

초가지붕은 물질이 아니라 일종의 생물이야. 어린 생명이 자라 어른이 되고 노인으로 점점 늙어가는 것처럼 말이지. 주름이 잡히고 골도 생겨. 사람처럼 검버섯도 돋지. 아이와 함께 태어나 아이와 함께 자라고, 그러다 어른이 되고 늙고

죽지. 초가집도 그래. 죽는 거야. 그러면 어떻게 돼?
다시 만들어 잇지. 노랗고 노란 새 지붕이 얹어지면 무덤 같던
그 낡은 초가집이 신생아로 다시 태어나. (…)
사람이 사는 집이 어쩌면 그렇게 사람을 닮은 것인지. 그래.
우리와 함께 태어나 자라고 그리고 사라지지. 이게 한국의
초가지붕이라고. 생명, 그 아름다움….

신령

한국의 신은 사람이 사는 곳, 자연이 있는 곳이면 어디에나
있기 때문에 특수한 공간으로 일부러 찾아가지 않는다 해도
그쪽으로 찾아옵니다. 출출해서, 심심해서, 아니면 심술이
나거나 화가 나서 사람 사는 곳으로 접근합니다.
그걸 접신이라고 하지요. 그때 사람들은 갑자기 방문한
신들을 잘 대접해서 보내려고 합니다. 그렇습니다, 손님처럼
신들이 옵니다.

식민지

우리의 근대 문화·문명 코드가 서양의 그것을 왜곡 변형시킨
일본의 코드를 사용하고 있다는 점이 사실은 정치·군사적
침략보다도 더 무서운 것이다. 왜냐하면 정치·군사의 코드는
식민지에서 해방되는 순간 끊어지고 말지만 문화·문명
코드는 그와 관계없이 유대를 맺어가기 때문이다.

연가

한국인이 노래 부른 사랑은 잃어버린 사랑에 대한 절망이
아니라, 또 자기를 버린 임에 대한 증오가 아니라,
끝내 이루지 못한 그 사랑의 집념이며 미련이다. 희망도
절망도, 그리고 복수도 용서도 아닌 그 중간 지점에서
어렴풋이 떠오르는 아지랑이. 그것이 바로 애를 끊는
원한이며 한국인들이 부른 연가의 가락들이다.

멍석

여름의 긴 해가 지고 저녁이 되면 모기를 쫓는 모닥불 향기가
부드러운 어둠처럼 마당에 깔리기 시작한다. 멍석이 펼쳐지는
시간이다.
그 순간 흙 마당은 옛날 중앙아시아 고원의 풀밭이 된다.
그 위에 누우면 우리 옛 선조들이 그러했던 것처럼 하늘의
별들이 보인다. 급히 지나가는 구름 사이로 북두칠성이
보이면 몸은 중력을 잃고 하늘로 떠오른다. 이렇게 멍석에
누워 별을 헤는 동안 땀과 눈물로 얼룩졌던 일상적 공간은
꿈과 초월의 공간으로 바뀐다.

무덤

흙을 쌓아 올린 한국 무덤의 그 봉분은 세월 속에서 차츰
내려앉아 평지의 레벨과 가까워진다. 그러니까 무덤 역시

한국에서는 조금씩 죽어가는 것이다. 오랜 세월이 흘러
사람들의 기억 속에서 차츰 잊혀지고 발길이 뜸해질 무렵
그래서 비석마저 풍화되어버리면 무덤은 그냥 흙으로
돌아가 사라져버린다. (…)
무덤이 사라져 완전히 지면으로 돌아가는 데 한 백 년 넘어
걸린다. 살아 백 년, 죽어 백 년. 한국인은 이렇게 두 번
죽는다.

흙

흙은 모든 게 공평해. 다 끌어안아. (…)
6·25 때 옆에 청년이 누웠는데 아침에 일어나 보니 그게
인민군이더래. 같이 잔 거야. 서로 죽이는 적인데도 시골에
멍석 펴놓으면 옆에 와서 자고 가. 이게 우리 흙이고,
흙이 끝없는 생명을 만들어주는 거야.

노래

아름답고 평화로운 자연을 그린 한국의 노래들은 대부분이
고난의 땅에서 생겨났다. 여유가 없을 때 도리어 여유를
발견하고 절박한 고난 속에서 마치 마술사처럼 깊은 침잠의
평화를 이끌어내는 것이 한국인의 노래이며 슬기였다.

—

한국인들이 좋아하는 소리는 '비단' 같은 소리가 아니라

'삼베'와 같은 것이었다. 올이 굵고 불규칙하며,
꺼칠꺼칠하면서도 그 속에 부드러움을 간직한 '삼베'의
촉감을 우리는 노래에서 맛볼 수가 있다. (…)
서양인들은 몇 분의 몇 박자 식으로 노래도 수학적으로
부르는데 한국인은 그저 호흡으로 노래할 따름이다.
서양의 악보는 모든 음의 고저와 장단을 엄격히 규정해놓은
것이지만 우리 것은 어디까지나 암시적이다.

승화

동양에서는 고난을 극복하려 한 것이 아니라 승화하려고
했다. 운명에서 벗어나려고 한 것이 아니라 그 운명과 어떻게
교섭하고 순응하는 것이 행복한 것인가를 발견하려 한
것이다. 같은 조건, 같은 환경이라 해도 그것을 받아들이는
사람의 태도에 따라 달라진다. 동양인의 천국과 지옥은
바깥에 있는 것이 아니라 바로 자기 마음속에 있다.

웃음

중세 천 년은 인간이 웃음을 잃어버린 시기다.
경건한 승려들은 웃지 않는다. 권위에 둘러싸여 있는 왕은
웃지 않는다. 하인 앞에 군림하는 귀족들은 웃지 않는다.
어두운 방 안에서 고정관념을 지키고 앉아 있는
편협한 학자들은 웃지 않는다. 초상집의 사람들은 웃지

않는다. 그러면 대체 누가 웃는가? 호탕한 저 웃음은 얼굴이
붉은 서민들의 것이며, 부끄럼 없이 육체를 드러내고 있는
야인들의 것이며, 생의 호흡을 가슴으로 들이마시는 자,
욕망을 배로 충족시키는 튼튼한 위장을 가진 자들의 것이다.

인간관

'사람'이라는 한국말은 낮은 것과 비교되기도 하고
높은 것과 겨주어지기도 하는 중간 말인 것입니다.
때로는 짐승의 반대말이 되기도 하고 때로는
신의 반대말이 되기도 한다는 것은
그만큼 한국인의 인간관이 현실적이라는 것입니다.
성인이 되는 것도 아니고 짐승이 되는 것도 아닌 상태,
그냥 사람이 되는 것으로 완성되는 이상과 현실의 만남입니다.

관조

인간의 관점을 될 수 있는 대로 배제할 때 자연은 있는
그대로의 모습을 나타낸다. 이것이야말로 서구인의 시선과는
다른 동양적인 관조觀照의 태도인 것이다.

한국어

서양인은 은밀한 말도 논리적으로 이야기한다.
아이 러브 유I love you라는 말에도 '나'라는 주체가 있고

'너'라는 객체가 있다. 그 사이에 '사랑'이라는 행동과
욕망이 있다. (…) 그러나 한국어에서는 그냥 '사랑해'라고
말하면 된다.

김장

사랑도 인생도, 죽음도 김장을 담그듯이 담가놓고 기다린다.
절로 뜰 때까지 참고 기다린다. 침묵의 시간 속에서 밀폐된
어두운 김칫독에서 익어가는 사상. 김장은 한국인의 마음과
그 생활방식을 상징하는 생의 의식이요, 잔치이다.

김치

김치가 다른 음식과 어울릴 수 있는 특성을 지닌 것은
그 자체가 불에 구운 것도 날것도 아니라는 데 있다.
그 중간인 발효음식이기 때문에 날것에도 맞고 구운 것에도
맞는 융합성이 있다.

한복

까다롭게 치수를 재고 계산에 의지하지 않아도 불편 없이
생활할 수 있도록 만들어진 것이 한복 바지와 옷고름의
적당주의 의상 디자인이다. 심하게는 앞이나 뒤 어느 쪽으로
입어도 상관없는 것이 한복 바지이다.

무관계

'괜찮다'는 말은 '관계하지 아니하다'가 준 말이다.
한국인은 서로 관계하지 않는 무관계의 철학으로
세상을 살아가려고 했기 때문에 관계하지 않는
것이 곧 좋은 것이라는 의미가 생겨난 것이다.

출전: 너 누구냐

병풍

병풍은 허물기 위해 존재하는 벽이다. '여기'라는 공간에
'지금'이라는 순간의 무상함을 받아들인 벽이 병풍이다.

장롱

한국의 장롱은 한눈에 그 소장품을 다 볼 수 없다.
그것을 보기 위해서는 장롱의 물건을 하나하나 꺼내 보아야
한다. 보석을 캐는 갱부가 땅을 한 켜 한 켜 들어가듯이 혹은
잠수부가 산호초가 깔려 있는 바닥 깊숙이 잠수하듯이 그렇게
장롱에서 물건을 꺼낸다. 남루한 옷, 색 바란 물건이라도 장롱
깊숙이에서 나오는 물건들은 모두 다 조금씩은 신비한 환영을
일으킨다. 과장해서 말하자면 고분을 발굴하는 흥분 같은
것이 있다. 장롱의 밑바닥에는 가장 오래된 시간,
망각된 시간들이 있기 때문에 이미 잊힌 물건들이 놀라움
속에서 나타나기도 하는 것이다.

창호지

유리는 지성의 세계를 그리고 창호지는 정감적 세계를
상징하는 언어이다. 지성은 유리처럼 투명하기 때문에
모든 것을 감추지 않고 들추어낸다. 유리문은 빛을 그대로
투과시켜 방 안에 있는 먼지나 흠집을 낱낱이 드러낸다.
그러나 창호지는 빛을 걸러서 반쯤만 들인다. 빛은 은은한

그늘로 방안에 젖어들고 웬만한 먼지와 때 그리고 흠집들을
감싸준다. (…)
유리는 닦기만 하면 시간의 때가 벗겨진다.
시간은 유리 벽에 머무르지 못한다. 그것은 썩지도
퇴색하지도 않는다. 그러나 창호지는 시간이 흐를수록
시간의 이끼가 껴서 묵은 빛으로 변한다.

인품

막걸리를 마시는 것은 결코 흥이 아니다. 시고 달고 쓰고
텁텁한 막걸리에는 비싼 양주라도 따를 수 없는 특유의 맛이
있다. 하지만 그것에 취해 막말이 나오고 막가는 주정을
부릴 때 그것은 '막돼먹은'의 그 '막' 자와 항렬이 같아진다.
물품이 낮은 것은 쓸 데가 있어도 인품이 낮은 것은 버릴 수
도 없다.

방향

'방향方向'과 '디렉션direction'은 말의 뿌리 자체가
다르다. 한자의 '방'은 사각을 나타내는 문자로 동서남북
전방위를 포함한다. (…) 그러나 영어의 '디렉션'은
어디까지나 그 어원대로 화살표라는 직선의 의미밖에 없다.
한자의 방향이 포용적인 데 비해 서양의 방향은 배제적이라고
할 수 있다.

6월

6월에 우리는 슬픈 이야기를 듣는다. 포성이 들리고 다리가
끊어지던 날, 우리는 6월의 화단에 핀 장미가, 딸기를 담은
투명한 유리컵들이 그리고 그네를 타던 너희들이 놀이터가
짓밟히고 깨지고 불붙어버린 날, 6월의 슬픈 전쟁 이야기를
듣는다. 사랑과 자유가 얼마나 힘없이 무너졌던가…….
아들이여, 한국의 6월은 피를 흘렸다.
아들이여, 다시는 우리들의 6월에 침입자의 군화를 들이지
말자. 이제 6월에는 딸기를 씹는 맛으로, 장미를 가꾸는
마음으로, 그네를 뛰는 율동으로, 우리들의 노동을 위해 땀을
흘리자. 여름의 입구에 서서 건강한 팔로 슬픈 생활들을
불태우지 않겠는가. 졸려도 6월엔 낮잠을 자지 말자,
아들이여.

청사초롱

청사초롱의 빛은 겸손을 가르쳐준다. 대낮과 경쟁하고
태양 빛을 시기하는 빛이 아니라 밤의 어둠을 보기 위해 있는
빛이라고 할 수 있다. 역설이 아니다. 한국인들이 밤에 불을
밝히는 것은 밤을 대낮으로 연장하기 위한 것이 아니라 밤을
더욱 밤답게 하기 위해서라고 할 수 있다. 으스름한 빛,
어렴풋한 빛, 집 속에서 번져 나오는 청사초롱의 불빛이
그러한 불빛의 모델이라고 할 수 있다.

물

전설에 의하면, 차는 달마의 눈꺼풀이다. 수행 중修行中에 졸음이 와서 눈꺼풀이 감기게 되자, 달마는 그것을 도려내어 뜰에 던졌다. 그것에서 싹이 나와 나무가 된 것이 바로 차나무라는 것이다. 분명히 차에는 눈을 동그랗게 뜨고 세계를 끝없이 응시하는 달마의 맑은 시선이 있다. 그것은 졸음을 깨우는 물이다. 새벽의 샘물처럼 인간의 눈을 투명하게 하는, '눈을 뜬 물'이다. 과학적으로 카페인이 들어 있는 액체라고 해버리면 그뿐이지만, 우리는 아무래도 한잔의 차에서 인간의 의식을 눈뜨게 하는 어떤 긴장된 정신 그 자체를 느끼지 않을 수 없다.

그 반대의 극極에는 이태백李太白의 전설과 함께 있는 물, 즉 술이 있다. 그렇다. 술도 또한 물의 정精이다. 이태백의 환각적인 눈꺼풀, 달을 바라보는 그 몽롱한 눈꺼풀에 덮인 물, 그것은 깨우는 것이 아니라 인간의 마음을 잠재운다. 그 도취의 힘은 수평선을 향하는 파도의 운동처럼 인간의 의식을 끊임없이 흔들어, 먼 곳으로 이끌어간다. 인간이 만든 이 두 개의 물이야말로, 인간 문화의 두 지향성을 나타내는 상징적인 액체인 것이다.

동아시아

부드러운 '보'가 딱딱한 '바위'를 이기는 가위바위보의

'덕德'이 동아시아 평화의 엔진이었다. 하지만 가위바위보는 '바위'와 '보'만으로는 성립될 수 없다. 대륙인 중국과 섬나라인 일본 사이에 한반도라는 '가위'가 존재함으로써 비로소 끊임없이 경쟁하면서 절대 승자 없는 아시아의 다이내믹한 둥근 원이 만들어진다.

—

한국은 중국과 일본의 양면을 동시에 흡수할 수 있는 위치에 있다. 중국의 깊은 뿌리에 일본의 유연한 나뭇가지의 문화를 접목시키면 이 세상에서 가장 이상적인 문화의 나무를 키울 수 있을 것이다. 그러나 잘못 결합되면 중국의 경직된 가지에 일본의 얕은 뿌리를 닮은 최악의 나무가 생길 수도 있다.

위선

한국에서의 위선은 개인의 인격적 문제가 아니라 사회적인 특수성으로까지 발전된 감이 없지 않다. 유교가 단순한 형식 윤리로서 팽배해 있던 조선 사회는 차치한다 하더라도, 오늘날의 한국 사회의 상황을 보면 완전히 겉과 속이 다른 이중 구조 속에서 아무렇지도 않게 사람들이 살아가고 있음을 발견하게 된다. (…)

왜 이렇게 되었을까? 우리는 그만큼 윤리적인 것을 엄격히 다루었고, 인간으로서는 지킬 수 없을 만큼 현실성이 희박한 이상적인 경지에 윤리의 척도를 두었기 때문이다.

부모가 죽어도 자연 발생적인 울음보다 곡이라고 하는 형식적
울음을 만들어내었다. 결국 극단화된 윤리를 좇다 보니
현실은 현실대로 윤리는 윤리대로 분열되어버린 이중성이
생겨날 수밖에 없었던 것이다.

이완

한국인은 (…) 자신의 몸을 칼이 아니라 거문고와 같은 것으로
생각하고 있다. 거문고는 칼과는 반대로, 쓰지 않을 때는
그 줄을 풀어주지 않으면 안 된다. 팽팽한 채로 놔두면 끊어져
버리고 만다. 그렇기 때문에 한국인의 교훈은 항상 몸을 풀어
줄이 끊어지지 않도록 하듯이 화가 나면 화풀이를,
시름이 있으면 시름풀이를 하는 데 있었다.

서민 문학

점잖은 선비들에 의해서 쓰인 평시조는 거의 모두가
천편일률적인 음풍영월에 도학자적 훈민의 계몽성을 지닌
것이지만, 손마디가 굵은 서민들에 의해서 불려진
사설시조에서는 생생한 육체, 솔직한 웃음과 티끌 속의
다양한 생활이 전개되어 있다. 그들은 책에서 배운 문자를
통해서, 관념의 의관을 통해서 세상을 내다본 것이 아니라,
모순 많고 곤란스러우나 흙 속에서 우러나온 생활의 숨결을
통해서 인생을 직접 몸으로 체감했던 것이다. 무식했기에

도리어 외래문화의 모방을 몰랐고, 가난했기에 허식이나
체면으로 생의 본능을 왜곡하지 않았고, 출세할 가능성이
없었기에 이상보다는 현실의 소리에 더 많은 귀를 기울였다.

아리랑

나라를 잃었을 때의 아리랑은 항거의 매서운 가사가 되지만
님을 그리워하며 부를 때의 아리랑은 바위틈에 숨은 진달래꽃
입니다. 그래서 가사와 곡조가 서로 다른 여러 종류의 버전이
있지만 아리랑이라는 한마디 말 속에서 하나로 용해됩니다.
다르면서도 같고, '따로'이면서도 '함께'인 한국 특유의
공동체적 성격을 드러냅니다. 서로 미워하고 헐뜯고
싸움하다가도 '아리랑' 소리에 갈등을 풀고 한마당 신바람에
어깨춤을 추는 것이 한국인의 모습이며 그 마음입니다.

문무

삼국시대의 문화를 비교해보면 마치 광석의 표본을 보는
것처럼 재미있다. 고구려의 '무武' 백제의 '문文' 그러니까
고구려는 '스파르타'이고, 백제는 '아테네'라고 할 수 있다.
그리고 신라는 화랑에서 보는 것처럼 '무'와 '문'의 조화에
그 특성이 있다고 볼 수 있다. 신라가 삼국을 통일할 수 있었
던 것을 문화적으로 보면 고구려적인 것과 백제적인 문화의
양면성을 포용하고 있었던 문무의 융합으로 풀이할 수 있다.

버려두기

우리말에 버려두라는 말이 있지? 버리는 것과 두는
것의 중간이야. 그런데 버려두면 김치는 묵은지가
되고, 누룽지는 숭늉이 되잖아.
버리지 말고 버려두면, 부풀고 발효가 되고, 생명의
흐름대로 순리에 맞게 생명자본으로 가게 된다네.
그게 살아 있는 것들의 힘이야. 버리는 건
쓸모없다고 부정하는 거잖아.
버려두는 건, 그 흐름대로 그냥 두는 거야.

따로 서로

인간은 일어설 때에는 따로, 자라면서는 서로 어울리는
존재야. 따로가 있어야 서로가 있는 법이지. 집단주의도,
개인주의도 아니라는 거야. '따로'의 짝패는 '서로'이지
'같이'가 아니에요. '따로 서로'는 우리나라의 독립주의와
상호주의가 묻어 있는 말이지.

일장춘몽

도교에서는 죽음을 두려워하지 않는다. 생과 사는 꿈과
현실의 관계처럼 하나의 표리에 지나지 않는다.
꿈에서 현실로, 현실에서 꿈으로 순환되는 변전이기에 죽음을
서러워하는 자체가 어리석은 소견이라고 생각한다.
그러나 불교에서는 그렇지 않다. 죽음은 현세의 모든 것을
꿈으로 바꿔놓고 한 조각 흩어지는 덧없는 구름으로
만들어버린다. 현실 자체가 일장춘몽과도 같은 것이기에 또는
뜬구름과 같은 것이기에 인생 일장춘몽이라는 말이 한국의
허무주의와 불교적인 인생관을 단적으로 표현해왔다.

후손

오늘 내가 한 행동이 내 자손에게, 천년 후의 후손에게
영향을 미친다고 생각하면 아무렇게나 살아갈 수 없습니다.
자기의 행동을 천 년 단위로 생각해보자는 것이

'천년 의식'입니다. 앞으로 '빨리빨리'로 상징되어왔던
한국병을 극복하고 오늘 당장이 아니라, 천년 후의 후손에게
물려줄 평화·행복·창조의 역사를 만들어주자는 것이지요.

옛날이야기

"옛날 옛적 갓날 갓적에"라는 말만 떨어지면 갑자기 세상이
달라진다. 지렁이가 용이 되고 닭이 봉황으로 바뀌는 이야기
세상 말이다. 밭일을 하던 농부가 우렁각시를 만나고 산에 간
나무꾼이 선녀와 산신령과 이야기한다. 마을은 어제의 마을이
아니다. (…) 그런 터무니없는 이야기들이 나이를 먹고 난
뒤에도 어린 시절에 놀던 뒷동산처럼 변하지 않는 것이다.
옛날이야기는 기억의 둥지 속에서 알을 까고 나온다.
화롯불은 이야기를 낳는 불의 자궁이고, 베갯모에 수놓은
십장생은 꿈의 오솔길이다.

편견

남의 장점을 과소평가하여 제 스스로의 약점과 불행을
감추려는 그 사고방식 때문에 우리는 발전하지 못했다.
이것이 사대주의보다도 더 나쁜 결과를 가져온
우리의 폐습이었다.
남의 문물을 편견을 가지고 바라볼 때 민족은 그야말로
'장필퇴망將必頹亡'의 비극을 갖는다.

떡

떡은 밥만 먹고 사는 사람들의 권태를 없애기 위해서
만들어진 구제의 음식이다. 떡 그것은 일상성의 거부다.

—

밥은 일상의 생활, 먹고 잠자고 노동하며 살아가는 인간의
세속적 삶을 나타내주는 것이지만 떡은 그러한 중력에서 잠시
벗어나 예외적인 시간이나 공간 속으로, 이를테면 축제의
신화적 세계로 들어가는 성聖의 세계를 나타낸다.

붓

총을 든 한국인은 초라하다. 그러나 총을 붓으로 대결한
한국인이라면 세계의 거인이다.

—

붓은 단순한 필기도구가 아니라 그 자체가 하나의 정신이다.

—

잘 쓴 글씨든 못 쓴 글씨든 붓으로 씌어진 글씨에서는 생명의
흐름을 읽을 수가 있지요. 그것은 글씨를 쓰고 있는 사람의
지문이나 다를 것이 없습니다. 붓은 끝이 부드럽기 때문에
쓰는 사람의 영혼을, 의지를 그리고 그 생명적인 리듬을
글씨의 한 획마다 옮겨놓을 수가 있는 것입니다. 한 일一 자
하나라도 그것은 그냥 가로 그은 선이 아니라 붓을 대고 끌고
뗀 삼박자의 숨결이 있습니다.

체면

으레 밖에 나가려면 좋은 옷을 입어야 한다는 그 사고방식
속에서 우리는 체면에 살고 체면에 죽었던 슬픈 습속을 볼 수
있는 것이다.

한恨

한은 잔잔한 '원한' 그것이다. 나를 향한 원망인지,
임을 향한 원망인지조차 분간할 길이 없는 감정이다.
뜨겁지도 않고 차지도 않다. 너에 대한 것도 아니며
나에 대한 것도 아니다. 이것이 바로 비극조차도 가져보지
못한 한국인의 불행인 것이다. 한을 영어로 번역할 수 없다는
것은 곧 한이 우리 특유의 감정임을 의미한다.

풍류

귀양살이만이 아니다. 가난을 대하는 태도도 마찬가지다.
초가삼간을 궁궐처럼 큰 집으로 만들기 위해 고생하지는
않았다. 그들이 노력한 것은 초가삼간 속에서도
어떻게 즐길 수 있느냐 하는 것이었으며,
또 그 가난 속에서도 어떠한 삶의 보람을 얻느냐 하는 데
있었다. 말하자면 빈곤에 만족하고 사는 생활철학이 빈곤을
이겨내는 생활경제학보다 우선하는 세계였다. (…)
귀양살이가 관광이 되듯 빈곤은 멋이 된다.

한 숟가락

뷔페 식당에서 우리가 읽을 수 있는 것은 밥 한 숟가락의
의미다. 옛날 한국인의 비극이 한 숟가락의 밥이 모자라
평생을 공복감 속에서 살아야 하는 괴로움이었다면,
신한국인이 겪고 있는 그 불행은 한 숟가락의 밥을 더 많이
먹은 데서 오는 체증의 고통이라 할 수 있다. 한 숟가락만
더 먹으면 행복해질 수 있었던 옛 한국인을 생각하면 눈물이
흐르고, 한 숟가락만 덜 먹으면 행복해질 수 있는
오늘의 한국인을 생각하면 분노가 치민다.

덕치주의

곰은 덕치주의moral politics의 상징이며
호랑이는 패권주의power politics의 이상으로서
이 두 짐승은 우리 역사와 민족에 많은 영향을 끼쳤지요.
그러나 그중에서도 인간 승부에서 곰이 이겼다고 생각한 것은
패권주의보다는 덕치주의의 문화성을 더 높이 샀다는
증거입니다. 인간 사회를 지배하는 것은 동물적 사회와 같은
이빨과 발톱의 그 물리적인 힘이 아니라, 무력이 아니라,
문치교화文治敎化하는 정신의 힘, 문화의 힘이라는 것을 보여준
것이지요.

단군신화

우리의 단군신화가 보여주고 있는 인간 탄생은 그리고 모든
창조는 반드시 서로 양성의 대립이 아니라 조화와 융합에
의해서 실현됩니다. 하늘과 땅이 화합을 이루어 그 중간의
공간을 만들어낸 것이 인간 세계이지요.
하늘에서 환웅이 내려오지 않았더라면 그리고 땅에서 사는
짐승이 인간이 되고자 동굴 속에 들어가지 않았더라면 단군은
태어나지 않았을 것이고, 단군이 태어나지 않았더라면
아사달이라는 나라도 생기지 않았을 것입니다.

골동품

합죽선은 바람을 부친다는 기능을 다 빼내도 그 형태나 색채
자체만으로도 존재 이유를 잃지 않는다. 오늘날의 전자제품들,
부채를 대신하고 있는 선풍기나 에어컨은 계절이 바뀌거나
고장이 나서 못 쓰게 되면 한낱 추악한 넝마로 변해버린다.
옛날의 도자기들이 실용성을 잃어도 여전히 빛을 잃지 않고
골동품으로 애지중지되는 것은 단순히 옛날 것이라는 역사성
때문이 아니다. 부채는 겨울에도 부채인 것이다.

뜯다

갈비는 젊음과 공격적인 힘을 나타내는 기호식품이다.
이 문화의 기호체계로 볼 때, 우리는 지금 씹는 문화에서

뜯는 문화로 대대적인 민족이동을 하고 있는 것이다.

신한국인은 씹지 않고 뜯는다. 정신없이 뜯고 또 뜯는다.

뼈를 발라 먹는 강렬한 식욕과 녹슬지 않은 강철처럼

번쩍이는 그 이빨의 건강성을 확인하기 위해 남자고 여자고

아이고 노인이고 모두들 뜯는다.

소나무

어쩌다 시골길을 걷다가 한국산 토박이 소나무 한 그루를

만나게 되면 눈시울이 뜨거워진다. 사태진 황토 흙을 뿌리로

움켜잡고 서 있는 나뭇가지의 형상은 사방으로 뒤틀려져

있다. 바람에 시달리고 또 싸워온 아픈 흔적이 보인다.

차라리 돌에 가까운 나무다. (…)

우리는 뒤틀린 그 소나무에서 한국을 본다. 그것은 외세의

바람 속에서 견뎌온 모습이며 끝없는 겨울의 수난 속에서도

푸른 잎을 지켜온 투쟁의 자세다. 소나무의 아름다움은 바로

그를 시달리게 한 그 바람으로부터 오는 것이다.

윷

윷놀이에는 무엇인가 한국적인 비극이 서려 있다.

던져진 윷가락은 엎어지기도 하고 젖혀지기도 해서 그때그때

운명도를 만들어낸다. 한번 떨어진 윷가락들은 다시는

변경될 수도 없고 고쳐질 수도 없다.

윷가락 하나마다 엎어지고 젖혀지는 운명이 있고, 또 그러한
운명들이 합쳐진 전체의 운명이란 것이 있게 마련이다.
'주사위'는 어디까지나 '홀로 있는 운명'이지만 '윷가락'은
'서로 있는 운명'이라고 볼 수 있다.
서로 관련된 운명성. 이것이야말로 한국인의,
특히 그 한국적 풍토의 상징이라 할 수 있다.

젓가락

젓가락질은 손가락 하나하나가 살아 움직이는,
개별화돼 있으면서 전체로 작용하는 것이다. 사회로 말하면
개개인을 말살하는 획일적인 집단체제가 아닌,
한 사람 한 사람의 얼굴이 살아 있는 집합체인 것이다.
이런 걸 네트워크라고 그런다.
다섯 손가락은 젓가락의 네트워크다. 네트워크마다 그 지점이
살아 있는 것이다. 젓가락질은 다섯 손가락이 다 살아
있어야만 이루어진다. 아름답다.

—

젓가락 하나로 밥을 먹거나 반찬을 집어보라. 그것처럼 불편
한 게 없다. 따로 떨어져 있는 두 개의 막대가 하나로 짝을
이루었을 때, 그 문화는 생겨나는 것이다. 하늘과 땅이
한 짝이 되고 들판의 불과 강물의 물이 합치어 안개처럼

한 세계가 되는 것. 젓가락의 문화는 갈라서 있는 것들,
따로 떨어져 있는 것을 짝지어주는 문화다.

—

젓가락에서 한국인의 '사이 문화'를 엿볼 수 있지.
젓가락으로 콩알을 한 알씩 집어 먹는 것은 남을 배려하는
문화야. 생활 속에서 공자의 인仁을 실천하는 것이자
혼자 독식하는 이기심을 억제하는 것이지. (…)
음식을 만드는 사람과 먹는 사람의 관계를 중시하는 것이
젓가락 문화라면, 포크와 나이프로 상징되는 서양 문화는
자기가 자기 음식을 썰어 먹는 개인 중심의 문화야.

꽃샘

우리의 역사는 타인의 성공을 반목하고 방해한 꽃샘과
잎샘의 기상 속에서 전개되었다 해도 과언이 아니다.
얼마나 많은 꽃과 잎이 꽃샘의 추위에서 얼어 죽었던가.
생각하면 가슴이 쓰리다.
이웃과 남이 잘되는 것을 시기하며 살아가는 풍습이
어느 나라 백성들보다도 강했기 때문에 우리는 그 독특한
'꽃샘'이란 말을 만들어냈는지도 모를 일이다.

쉬다

'쉰다'는 한국말 속에 바로 쉬는 문화의 뜻이 잘 숨어 있다.

숨을 쉰다는 말과 일손을 놓고 쉰다는 말은 같은 말이다.
바쁜 것을 표현하는 말 중에 숨 쉴 틈도 없다는 말이 있는
것을 보면 쉰다는 것은 그야말로 숨을 쉬는 행위처럼
절대 불가결의 것이다. 쉬지 않으면 숨통이 막혀 죽게 된다.
얼마나 숨 막히게 일을 했으면 숨을 쉬는 것이 쉰다는 말이
되었겠는가.

유연성

일본인들은 싸울 때면 머리에다 띠(하치마키はちまき)를
두르고 훈도시ふんどし를 단단히 매고 싸우는데,
한국인들은 싸우려면 저고리부터 벗지요.
이것은 풀어주어야 우리는 힘이 난다는 것으로 생각할 수
있습니다. 이 풀어주는 상태라고 하는 것은 힘이 없는
것처럼 느껴지기도 합니다. 독기 서린 눈을 똑바로 뜨고
어깨에 힘을 잔뜩 줘야 뭔가 완강한 힘이 나올 것 같은데,
한국의 힘은 경직된 데서는 안 나오고 부드러운 유연성에서
나옵니다.

갓

갓이 표현하는 의미는 실용성도 심미적인 장식성도 아닌
일종의 점잖음을 보여주는 도덕성이다.
갓 쓰고 망신당한다는 속담도 있듯이 그것은 쓴 사람의

인격이나 정신을 표현하는 언어, 하나의 기호다.
남자의, 선비의, 양반의 시니피앙significant(기표)으로서
사람 전체의 몸을 기호로 바꿔놓는 작용을 한다. (…)
유교의 이념은 말총의 그 빳빳하고 곧은 질감, 그러면서도
강철과 달리 가볍고 부드러움을 간직하고 있는 재료 속에
나타나 있다. 그리고 비단처럼 섬세하면서도 물들일 수 없는
그 엄격한 빛이 바로 유교 정신을 텍스트화한다.
갓, 그것은 한국인의 이념이 물질 그 자체로 응집되어 있는
'머리의 언어'다.

두서너 개

'두서너 개'란 말 속에는 숫자에서 자유로워지고 싶은
한국인의 마음이 숨어 있다. 정이나 사랑이나 인생은 언제나
컴퓨터가 무력해지는 '두서너 개'의 수치, 어렴풋한 그 안개
속에서 자라난다는 것을 알고 있기 때문이다.

죽다

한국인은 유난히 '죽겠다'는 말을 잘 쓴다고 비난하는 사람이
많다. 직장에서 돌아오자마자 첫마디가 대개는 '피곤해서
죽겠다'이다. 좋아도 죽겠다고 하고 슬퍼도 죽겠다고 한다.
'우스워 죽겠고, 재미있어 죽겠다'라고 말하는 것이
한국인이다. 심지어 죽는 것은 생물만이 아니다.

시계도 죽고, 불도 죽고, 맛도 죽는다.

우리가 죽는다는 말을 잘 쓰는 것은 그만큼 죽다란 말이
살다란 말과 잘 대응이 되는 것이기에 정지와 더 이상 계속될
수 없는 극치의 넓은 뜻으로 사용하고 있는 것이다.

소요

우리는 이유 없는 행동을 동경한다. 그냥 그대로 자연스럽게
사는 것이 삶의 이상이었다. 인과因果에서 해방되는 것, 그것이
한국인의 자유며, 멋이며, 소요逍遙의 정신이었던 것 같다. (…)
인간은 이유와 필연만으로는 살아갈 수 없다. 때로는 모든
계산과 이유에서 벗어나 그냥 살 줄도 알아야 한다.

정情

단순히 생명을 살해했다 해서 잔악한 것은 아니다.
정을 지닌 생명을 죽일 때만이 우리는 잔학성을 느낀다.
정은 생명보다도 더 깊은 뜻을 가지고 있다.

도자기

고려자기가 왜 아름다운가, 조선조 자기가 왜 아름다운가
하면 스테인리스처럼 번쩍거리지 않기 때문입니다.
빛이 안으로 안으로 배어서 그것을 보면 아늑하고 인간적인
안도감을 느끼게 되지요.

고려자기들은 어떻습니까? 절대로 크지 않습니다.
중국 자기들은 굉장히 큽니다. 우리의 호로병이라든지
그릇들은 너무 작지도 너무 크지도 않아요. 이것은 인간을
기준으로 했기 때문인 것입니다.
우리 선조들이 스치고 지나간 손때 묻은 물건들을 보면
다 인간 같고 그것이 물건인데도 한번 "아저씨" 하고
불러보고 싶은 정이 배어 있는 까닭은 번쩍거리고 거대하고
기능적이기보다는 물건에도 어딘가 어렴풋하고 어리숙한
구석이 있어서가 아닌가, 하는 생각이 듭니다.

풀다

한국인은 풀이의 천재들이다. 저 어두운 역사, 부조리한
사회구조에서 우리나라 사람들은 외세에 짓밟히고
권력자에게 시달리고 가난에 쪼들리며 살아왔다.
그러나 풀 줄을 알았기 때문에 그 고통, 그 서러움,
그 원 들을 바람에 띄우듯이, 물로 씻어내듯이 한숨으로 풀고,
노래로 풀고, 어깨춤으로 풀어버렸다. 그랬기 때문에
우리 민족은 사실상 누구에게도 지배를 당하지 않았으며,
누구에게도 고통을 받지 않았다.
풀어버리는 능력이 있는 한 어떤 비극이나 어떤 고통도
한국인의 가슴을 찢지 못한다.

시원섭섭

한국의 정겨운 사회에서는 좋은 것과 나쁜 것을
분명하게 따지지 않는 면이 많지요.
우리가 흔히 쓰는 말에 '시원섭섭'이라는
말이 있습니다. 이 말은 불어, 영어, 어떤
말로도 번역이 안 됩니다.
시원섭섭이란 정이 많은 민족에게서만 나올 수
있습니다(싫은 것까지도 정을 두었기 때문에).
싫은 것이 없어지면 시원하지요. 논리적으로
시원한 거예요. 그런데도 그것이 답답하고
싫고 귀찮은 것이었다고 할지라도 오랜 시간이
지나다 보면 미운 정이 붙어서 없어지고 나면
섭섭하게 느껴집니다.

자투리

조각보를 만들던 옛날 우리 할머니네들을 기억하라. 그분들은
옷을 마르고 남은 조각난 그 헝겊들을 결코 쓰레기통에
버리지 않았다. 아무리 쓸모없는 자투리라 할지라도,
마치 바다에서 따 온 산호나 산에서 캔 옥돌이나 되는 것처럼
고이 간직했다. (…)
보아라. 예기치 않던 그 빛의 만남과 그 모양들의 교묘한
접합을. 거기에서 아름다운 무늬와 눈부신 색조를 띤
조각보가 완성된다. 옛날 우리 할머니네들은 이렇게 해서
또 다른 생의 면적을 얻어냈다.

탈

얼굴을 산문적인 말이라고 한다면 탈은 그 얼굴의 운율이요
노래라고 할 수도 있다. 늘 보던 얼굴들이 밥이요 물이라면
탈을 쓴 얼굴은 도취의 술이요 고물 묻힌 떡이라고
할 수 있다. 탈은 얼굴의 춤이요 색동옷이다.

태권도

태권도의 아름다운 동작은 허공에 쓰는 붓글씨, 시간의 집
위에 그려가는 수묵화이다. 그리고 그것은 유일회성, 한 번
뻗친 손이나 한 번 들어 올려 일격을 가한 그 발은 영원히
다시는 되풀이할 수 없는 것, 수정할 수도 되풀이할 수도 없는

절대의 행위로 끝난다.

단 한 번의 것이라고 할 때 사람들은 누구나 정신을 가다듬고 집중한다. 혼신을 다해서 그 절대의 유일회성을 살리려고 한다. 거기에서 개칠에서는 도저히 얻을 수 없는 순수한 아름다움이 배어 나오는 것이다.

풍경

풍경은 작은 종에 물고기 모양의 판을 매달아놓은 것이다. 그러기 때문에 풍경을 보고 있으면 초현실의 환상에 젖게 된다. 물속에서 헤엄치는 물고기가 허공 속에서, 파란 하늘 속에서 지느러미를 흔든다.

그리고 원래 물고기는 새처럼 소리를 내는 것이 아니다. 그런데 풍경의 물고기는 대기 속을 헤엄치면서 방울새처럼 운다. 그래서 풍경이 울리는 공간은 용궁 속처럼 파란 물속이 되고, 물고기와 새들은 대기와 파도의 경계를 무너뜨리고 처마 밑에서 만난다. 이것이 한국인의 문화적 취향 그리고 서정이다.

살다

죽음이란 말 못지않게 우리는 '살다'라는 말을 많이 쓴다. 미술가들은 그림을 보면서 선이 살아 있다고 기뻐하고, 법조인들은 사회에 질서가 잡혀 있는 것을 보면 법이 살아

있다고 긍지를 느낀다. 기업인은 기업을 살리기 위해서
학자들은 진리를 살리기 위해서 일한다. 평범한 생활인들은
살림살이를 위해서 땀을 흘린다. 그렇다. 살림살이라는 말에는
살다와 관계된 말이 두 개나 포개져 있다.

항아리

항아리는 물체성을 지니고 있으면서도 실은 그 충실한
물체성 안에 존재하지 않는 공허를 하나 가득히 품고 있다.
속이 텅 비어 있는 그 팽창감은 물체성과 정반대의 속성을
보여주고 있다. 견고하면서도 공허한 그 형태는 인간의
육체처럼 슬퍼 보인다.

영웅

밟힌 지렁이가 없으면 어떻게 초목이 나오고 어떻게 나뭇잎이
되살아나 봄이 와요? 우리의 모든 역사에서도 밟힌 사람들이
있었기 때문에 영웅도 생겨나고 지도자도 있는 것이지.

사람

산길을 걸어가는데 갑자기 짐승이 숲에서 튀어나왔다 또는
밤길을 걷다가 도둑의 습격을 받았다 했을 때 한국인이면
누구든지 "사람 살려!" 하고 소리 지를 것입니다.
내가 늘 이상하게 생각하는 것은 그 경황이 없는 절박한

상황에서 "나 살려!" 하지 않고 "사람 살려!"라고 한다는
것입니다.

그 극한 상황에서 자기도 모르게 믿고 있었던 것은 자기가
아니고 사람이었던 것입니다. 이것은 사람에 대한 믿음,
사람은 꼭 살려주어야만 하는 존재이기 때문에 그냥 못 본 체
하고 지나가지 않을 것이라는 상대방에 대한 믿음을 엿볼 수
있습니다. 사람을 살려달라고 했을 때 그 사람이라는
말 속에는 이렇게 죽어서는 안 되는 것… 이 절박한 위험을
누군가가 도와주어야만 할 존재라는 인간에 대한 깊은 신뢰와
믿음이 들어 있는 것입니다. 우리들이 위급한 경우를
당했을 때 '사람'이라는 소리를 크게 외쳤다는 것은
우리의 문화 속에 인간의 존엄성과 가치를 믿고 있는 정신이
스며 있고 배어 있다는 방증인 것입니다.

—

이 시대에 금붕어를 기르는 것은, 거문고를 타는 것은
사치도 죄도 아니다. 짐승이 아니라 사람이라는 것을
확인하고 또 확인한다.

가치

쓰레기통에 갈 것도 밥상에 오르게 되는 경우가 생긴다.
그것이 바로 '쓰레기'와 '시래기(씨레기)'이다. 시들어버린
무청이나 배춧잎 같은 쓰레기를 그냥 버리지 않고

말려두었다가 음식을 만들어 먹으면 별미가 난다.
비타민 C도 많아 건강에도 한결 좋다고 한다. 궁해서만이
아니었다. 값어치가 없다고 생각한 것에서 오히려 새롭고
귀중한 가치를 끌어내는 것이 한국 문화의 한 원형이기도
한 것이다.

호미

안으로 구부러져 있는 호미의 형태는 지평선으로 확산해가는
힘이 아니라 안으로, 뿌리로, 자기 자신으로 끝없이 응집해
들어오는 힘이다. (…)
낫이나 호미의 아름다움은 밖으로 내밀어도 그 경고의 칼날이
자기를 향해 빛나고 있다는 점일 것이다.

—

농경시대의 호미는 한국인이 만든 최악의 농기구로 저주의
대상이었다. (…) 호미로 밭을 매려면 쪼그리고 앉아서 일할
수 밖에는 없어 능률도 행동의 폭도 제한된다.
논밭은 지옥일 수 밖에 없는 것이다.
그런데 나물을 캘 때는 어떤가.
그 괭이나 삽으로 나물을 캘 수 있을까. 절대로 불가능하다.
농업을 하는 데는 최악의 도구지만 채집을 하는 데는 최상의
도구가 된다. (…) 기도하듯이 앉아 땅을 들여다보며 사랑하는
식물을 가꾸려면 제초제로 풀을 섬멸하는 그런 방식으로는

안 된다. 나물 캐는 한국 여인의 손길을 닮은 호미다.
날이 있으나 낫처럼 날이 서 살생하는 게 아니다. 뭉툭하면서
도 동시에 섬세한 호미 날로 생명을 기르는 생명화 시대의
도구 모델을 알아야 한다. 트랙터로 나물을 캐랴.
드론을 띄워 나물을 찾으랴. 제초제로 잡초를 제거해 나물을
얻으랴. 잡초가 약초가 되는 한류, 나물 문화의 호미에서
우리는 '오래된 미래Ancient Future'의 21세기를 본다.

농사

밭에서 김을 매기 위해 호미질을 하는데, 통계를 내보니
하루에 몇천 번이나 허리를 꺾는다고 합니다. 이렇게 고된
일을 정감과 사랑이 없이 어떻게 해낼 수 있겠습니까.
이것은 그 고단함에도 불구하고 밤을 새워가며
자녀를 키우는 것과 같은 애정입니다.

추석

비록 남루한 생활, 가난한 살림이라 하더라도 달빛만은
누구에게나 공평히 주어지는 것. 돈이 필요 없고 신분이
따로 없다.
무상으로 즐길 수 있는 추석의 정취이다. 비단옷이나,
기름진 음식이 없다 해서 너무 서러워할 것은 없다.
추석의 달빛 아래서 영원을 보라.

밥

한솥밥을 먹는다는 것, 뜨거운 밥을 먹는다는 것,
그것도 매일 같이 되풀이해서 먹는다는 것. 이것이 바로
아버지와 아들을, 아내와 남편을 그리고 형과 아우를 묶어주
는 핏줄의 확인이다.

———

밥은 그때그때 먹을 사람을 위해 지어야 한다. 먹는 사람을
생각하지 않고 어떻게 밥을 안칠 수 있겠는가. 늦게 오는
식구를 위해 아랫목에 묻어둔 그 밥의 온기는 화롯가에서
끓고 있는 찌개처럼 바로 어머니의 온기이며 기다림인 것이다.
뜸을 들여야 비로소 먹을 수 있는 밥은 아무 때나
잘라 먹을 수 있는 싸늘한 빵이 아니다.

계절

여름이라는 말은 열매가 연다는 뜻에서 나온 말이다.
봄은 꽃을 본다고 해서 봄이고 여름은 그 꽃이 열매를 맺으니
여름이다. 한국의 사계절만큼이나 그 말도 아름답다. (…)
가을은 '가을하다'라는 말이 있듯이 열매를 맺은 곡식들을
거두어들인다는 뜻이고, 겨울은 농사를 다 지어놓고
집 안에서 기거한다는 뜻으로 '겨슬(집에 계실)'에서 온
말이라고 풀이하는 어원 연구가도 있다. 대체로 수긍이 가는
이야기다. 상식적으로 생각해봐도 우리의 사계절 이름은

당연히 농경문화와 관련성이 깊을 것이기 때문이다.

식사

라면을 먹는 동기와 상황을 분석해보면 가족이나 소집단의(한
솥엣밥을 먹는다는 전통적 집단의식) 해체를 겪고 있는
현실이 여실히 나타나 있다.
라면은 혼자 만들어 혼자 먹어야 하는 사람에게 가장 잘
어울리는 식품이다. 예수님은 십자가를 혼자 지셨지만
식사만은 여러 제자와 함께 드셨다. 음식이란 원래 함께 먹는
것이다. 먹는다는 의미는 육체적 공복만이 아니라 정신의
허기를 달래준다. 그것은 커뮤니케이션의 한 욕망이기도 한
까닭이다.

숭늉

중국인이나 일본인들은 밥을 푸고 나면 솥에 눌어붙어 있는
누룽지를 긁는다. 밥 짓는 일은 거기에서 끝난다.
그러나 한국인에겐 그 최종적인 단계를 넘어선 또 하나의
과정이 기다리고 있는 것이다. 밥을 다 퍼내고서도 마지막
마무리가 더 남아 있는 까닭이다. 남들이 솥에 남은 찌꺼기를
헹구어서 내버릴 때 우리는 그것을 숭늉으로 만들어 마셨다.
그것은 최종적 단계에서 얻어지는 맛, 마지막 종지부 뒤에
나타난 한 토막 시구의 운율과도 같은 것이다.

분단

아들이여, 나는 너를 두려워한다.

죄인처럼 너의 앞에 서기를 부끄러워한다.

나는 너를 보낼 수 있다. 아프리카의 밀림이나

미국의 요세미티나 파리의 센강, 알프스의 몽블랑을

十성시킬 수도 있다. 네가 원한다면 스위스의 호숫가에서

낚시질을 시킬 수도 있고 스페인의 투우 경기장에서

너와 내기를 할 수도 있다. 천 리나 만 리나 그보다도 더 멀리

떨어진 곳이라 할지라도 아들이여, 나는 너의 손을 잡고

동으로 서로 남으로 북으로 긴 여행을 할 수 있다.

그러나 아들이여, 백 리도 못 되는 곳, 멀어야 천 리도

안 떨어진 저 산하에 너를 데리고 갈 수는 없다.

———

무언가 미안하다는 생각이 들기도 했습니다.

떠돌아다니기에는 그리고 다시는 떠난 자리로 돌아오지 않는

여행을 하기에는 너무나도 좁은 땅,

한나절이면 동에고 서에고 끝까지 닿아버리는

이 작은 조국의 땅, 지리 시간에는 한국이 반도라고 배웠지만

한 번도 그것을 실감해보지 못한 채 인공의 섬에서 자라난

분단 시대의 아이들. 그것이 내 탓일 리가 없었지만,

그런 것이 내 죄인 것처럼 느껴지기도 했습니다.

씨름

한국에서 경쟁이 얼마나 심리적인 것이고 신경증적인
것인가를 알려면 씨름을 보면 알 수 있다. 한국의 씨름은
경쟁 기술이나 경지 자체만 두고 볼 때 어느 나라의 것보다도
재미와 박력과 아기자기한 맛이 있다. 그러나 그 경주를
시작하기 이전의 샅바 싸움은 답답하고 지루한 느낌을 준다.
서로 상대방보다 유리하게 샅바를 잡으려 하고 또 서로가
상대방이 잡기 어렵도록 샅바를 매려 하기 때문에 승강이가
벌어진다. 경기를 상대방과 똑같은 조건에서 공평하게
치르려는 정신보다 언제나 자기가 유리한 입장에 서려는
마음이 앞설 때 샅바에 신경을 쓰게 된다. 성인군자라도
그런 마음이 드는 것은 당연하고 당연한 일이다.
문제는 그런 마음을 어떻게 공정한 정신과 방법으로 바꾸어
나가느냐 하는 데 경쟁의 규약성이 있고 곧 사회성이 있다.

칼

칼은 붓보다 언제나 분명한 것이다. 붓으로 싸우는 선비들의
승부는 칼로 싸우는 무사들의 그것처럼 확실치가 않다.
칼은 승부를 분명히 가른다. 칼로 겨루는 싸움에서는 진 자가
이긴 자에게 굴복하지 않을 수 없다. 그렇지 않으면 잘리고
마는 것이다.
그러나 선비들의 글 싸움은 상대가 승복하지 않는 한,

289

그 우열을 판가름하기 어려운 것이다. 서양 문화의 기층에는
기사도의 칼이 있다. 일본도 무사도라는 칼의 문화가 역사를
지배해왔다. 길고 짧은 것을 금세 대볼 수 있는 분명한
승부의 세계가 있었다. (…)
경쟁의 힘으로 움직이는 사회에서는 이런 단순성과 구체성이
위력을 발휘하기 때문에 복잡하고 추상적인 붓의 문화가 발을
들여놓을 땅이 없다.

계산법

시골길을 가다가 길을 물으면 어디에서고 10리밖에
안 남았다고 한다. 전통적인 한국 사람들은 객관적인 길의
리 수보다도 묻는 사람의 기분을 먼저 생각하기 때문이다.
얼마 안 남았다고 해야 나그네들은 힘을 차리고 걸어갈
것이다. 아직 한참 가야 한다고 가르쳐주어 김을 빼낼 필요가
어디 있겠는가. 어차피 갈 길인데 한참 가야 한다고 하나
다 왔다고 하나 마찬가지다. 그렇다면 기분이라도 좋은 것이
좋은 게 아니겠는가.

달

기울고 차는 달은 몇 번이나 죽고 탄생한다. 어둠 속에
나타났다 사라지는 그 달빛이야말로 무수한 삶과 죽음의
그리고 절망과 희망의 그림자였던 것이다.

만월은 초승달의 기약과 그믐달의 쇠망을 동시에 간직하고
있다. 어둠도 아니고 광명도 아니다. '강강수월래'의 가락도
역시 그런 희열과 눈물로 뒤범벅이 된 역설의 노래다.
슬픔이 많기에 그리고 또 한이 많기에 우리는 어렴풋한
그 달빛을 사랑한 모양이다.

—

정치를 해도, 사랑을 해도 한국인은 달처럼 한다.
이글이글 타오르는 태양처럼 뜨겁게 인생을 살아가는 것이
아니라 어두운 밤하늘에서 싸늘한 빛을 던지는 수동적인
달처럼 자기 운명을 밝히며 산다.

청색

'황색은 언제나 빛을 동반한다. 그러나 청색이 지니고 있는
것은 어떠한 어둠闇이다.' 어둠과 함께 있는 빛깔, 그것은
눈에 특별한, 거의 표현 불가능한 작용을 한다. 청색은 모순의
색채인 것이다. '자극'과 '정지靜止'라는 모순하는 양면성을
함께 통일시켜버린 모순의 색채다. (…)
고려청자의 '청색'은 이와 같은 푸른빛의 요소를 최대한으로
승화시켜서 얻은 색채다. 그 청색은 완전히 도자기의 내면
속에 묻혀 있다. 해맑은 푸른색이지만 쑥빛에 가까울 정도로
깊이가 있다.

미각

아무리 언어가 풍부한 나라라 할지라도
'쓰고, 씁쓸하고, 쓰디쓰고' 또 '달고,
들큼하고, 달콤하고, 달짝지근하고'를 구별할
영광을 누리지 못한다. 오직 우리만이
그 복잡한 혓바닥의 미각을 언어로 가려
나타낼 뿐이다. 먹는다는 말부터가
얼마나 다양하게 쓰이는 것일까?
'나이'도 먹고 '더위'도 먹고 '공금公金'도
먹으며, 심지어는 '욕'까지도 먹는다고
한다. 사람의 성격을 평가하는 데도
'싱거운 놈, 짠 놈, 매운 놈'이라고 한다.
외국인이 들으면 식인종이라고 의심할지도
모를 일이다.

울타리

우리 돌담은 바로 폐쇄와 개방의 중간쯤에 위치해 있다.
밖에서 들여다보면 그 내부가 반쯤 보인다. 당신은 그 토담
너머로 맨드라미 꽃이나 해바라기 그리고 영창을 열고 나오는
여인의 그 상반신을 볼 수 있으리라. 내부의 풍경이
'보일락 말락' 하는 것, 그 '반개방성¾開放性'이 바로
우리나라의 울타리가 갖는 상징성이라고 할 수 있다.

돗자리

평범한 일상의 공간에 돗자리를 깔면 손님을 맞는
연회의 공간이 되기도 하고, 노동공간이 갑자기 유희공간으로
바뀌어 놀음판이 되는가 하면, '속俗'의 공간이 제사를 지내는
'성聖'의 공간으로 바뀌기도 한다. (…) 땀과 눈물로 범벅이 된
가열한 공간에 멍석이나 돗자리가 펼쳐지면 마법의 융단처럼
우리의 육신과 영혼은 자유롭게 허공을 난다.

쌈

보자기처럼 한국의 음식은 모든 것을 하나로 싼다.
한국 고유의 음식 가운데 하나인 '쌈'이 바로 그런 것이다.
김이든 상추든 평면성과 넓이를 가진 것이라면 그것을 펴고
온갖 재료를 싸 통째로 입안에 넣는다. 포크와 나이프로
음식을 썰어 먹는 식사법이 '배제적'인 것이라고 한다면,

모든 음식을 한데 싸서 통째로 입안에 넣는 것은 '포함적'인
식사법이라고 할 수 있다.

미와 죽음

어느 나라나 미의 여신의 족보를 캐 올라가보면 애초에는
죽음의 여신이라는 사실을 알 수 있습니다. (…) 수로
부인에게 죽음을 무릅쓰고 꽃을 꺾어 바치겠다는
노인은 죽음을 미로 승화시킨 익명의 시인이요, 도인이었을
것입니다.

정신

자연의 산수를 따르는 마음, 그것이 한국인의 정신적 고향이
었으며 신이 사는 곳이었다. 하나의 이론보다도, 계시보다도,
어떤 예언보다도 장엄한 산, 맑은 물 그리고 아름다운 그 모든
자연의 경관을 바라볼 때, 그들은 신의 모습과 그 음성을
들었던 것 같다.

민간신앙

한국인들의 신은 그렇게 먼 곳에 있지 않았다. 그들을
에워싸고 있는 그 숲에, 강에, 좀 더 가까우면 그들의 다락과
지붕 위에 신들은 함께 살고 있었다.

자연

우리의 경우에선 '자연' 그 자체에 모럴의 근원과 그 질서를
부여한 것이어서 도리어 자연을 따른다는 것과 인간의 도덕을
좇는다는 것은 대립이 아니라 동의어로 쓰입니다.

종소리

한국 종소리의 여운을 보세요. 한번 울린 그 소리는
헤어지기 싫어서 흐느끼듯이 길게 길게 꼬리를 남기고
사라져갑니다. 떠나는 사람이 한 걸음 가다가는 뒤돌아보고
또 뒤돌아보는 것과 같습니다.

존경

칼자국보다 흰 수염을 따르고 존경하는 마음이 우리 사회를
지배했다.

농민

하늘의 마음, 대지의 마음, 인간의 마음, 그것을 아는 것은
정의 세계이지 이익의 세계가 아니다.

홍

동양 사람들은 홍이 나야 논다. 그것을 '신명'이라고도 부른다.
홍이나 신명이나 마음속에서 절로 흘러나오는 자연적인

그리고 즉흥적인 감정이다. 그렇기 때문에 만약 그것이
놀이가 아니라 노동이라 하더라도 흥이 나는 일이기만 하면
노는 것과 마찬가지가 될 것이다.

—

흥에 가장 가까운 영어는 인터레스트interest이다.
그런데 이 인터레스트는 이해관계란 뜻도 있다. 생활 속에서
무엇인가 이해관계가 생길 때 그들은 흥취를 느끼는 것이다.
한국의 흥은 정반대이다. 이해관계가 없을 때 흥겨운
어깨춤이 일어난다. 흥의 감정은 자족의 감정이다. 세상일을
망각할 때 흥의 샘물은 솟는다.

입

입은 가장 완고해서 외국 생활과 쉽사리 악수를 하려 들지
않는다. 입에서 나오는 것은 말이요, 입으로 들어가는 것은
음식이다. 이 '말'과 '음식'은 국수주의적國粹主義的인 색채를
버리지 않는다.

이무기

뱀이면 영원히 뱀이지만 이무기는 용이 되고자 하는 하나의
이미지를 가지고 있다. 참고 견디면서 지독하게 천 년을
기다린다. 차가운 호수 늪에, 저 밑바닥에서 천 년 동안 용이
되려고 애를 쓰는 이무기. 그게 우리 한국인의 모습이고

그러한 고난이 있었기 때문에 '오늘부터 용이 되어 날자' 하는
용기가 가능해진다. 보잘것없는 이무기가 열심히 노력하고
꿈꾸면 용이라는 존재가 되는 것이다.

정신력

다른 꽃들은 다 여름에 햇빛 속에서 마음껏 청량한 공기를
마시면서 열정적으로 자라나는 것이지만 우리의 꽃들은
안 그랬다. 어스름한 저녁이 되고 달이 뜨고, 향기도 독한
것이 아니라 있는 듯 없는 듯 풍기는 그 그윽한 맛,
이연한 맛 그리고 거기에 추위를 견디는 맛. (…) 옛 우리
선배들도 마찬가지였다. 그들은 가난하고 침략당하고 끝없이
쫓겨 다녔지만 그들에게는 매화의 향기와 추위를 견디는
미학이 있었다. 겨울을 견뎌낼 수 있는 정신력이 있었다.

뒤

앞으로 달리는 것은 만들기 쉽지만 뒤로 가는 것은 힘든
것처럼, 우리 개인으로 보아도 앞을 향해서 뛰는 것은 쉽지만
뒤로 생각하고 사라진 것을 다시 생각하면서 앞으로 내닫는
사람은 아주 적습니다. 다시 말하면 한국의 진정한 내일,
한국의 진정한 미래는 먼 앞에만 있는 것이 아니라 먼 뒤에도
있었다는 이야기입니다.

뿌리

끝없는 외침을 받아오면서도 이 나라가 몇천 년을 버텨온
것은 국경을 지키는 나라의 성과 군대가 아니라 사실은
개개인의 집에 있는, 겉으로 보기에는 형편없어 보이는
싸리 울타리, 금세 넘어질 것 같은 초가지붕, 이런 것들이
천의 도둑을 지켜주고 백의 바람을 막아주는 역할을 했던
것입니다.

다시 말하면 우리는 전체 사회, 전체 국가로 보아서는 한없이
약했으나, 개개인 가정의 문지방을 넘겨다보면 거기에는
어떤 바람과 어떤 침략에도 끄떡하지 않는 튼튼한 가족의
기둥뿌리가 있었다는 이야기입니다.

오래된 미래

가장 현대적인 것이 되려면 가장 오래된 정원이 필요해요.
아주 오래 묵은 정원에서 기막힌 꽃이 피는 거지. 선조들이
만든 오래 묵은 정원 속에 오래된 미래가 있는 거에요.

9

창조: 물음표와 느낌표 사이

비움

우리도 아이처럼 매일 자란다. 그러니 조금 전까지 통했던
상식과 지식들이 쓸모없는 것으로 변한다. 그렇게 우리를
괴롭히던 고정관념들, 집념이나 원한도 모두 버려야 한다.
지식도 영양분처럼 넘쳐날 때가 더 위험한 법이다.
샘물은 퍼 써야만 새 물이 고인다. 고여 있는 지식도 퍼내야
새로운 생각이 새살처럼 돋는다.

쓰다

지우개 달린 연필은 모순 그 자체다. 한 몸에 쓰는 의지와
내가 쓴 걸 지우는 의지가 함께 담겨 있다. 여러분들은
지우개 달린 연필이 되어야 한다. 지금까지 알고 있는
지식이나 잘못 쓴 글들은 모두 지워라. 0을 만들어라.
그리고 새로 써라. 그런데 새로 쓰는 것도 결정적인 것은
아니다. 어느 때가 되면 또 지워라. 끝없이 지우고 쓰고
지우고 쓰고 죽을 때까지 생각에 생각을 거듭하며 지우개
달린 연필처럼 끝없이 쓰고 지워라. 이렇게 해서 평생 동안
어떠한 목적이 있는 게 아니라, 쓰고 지우며 삶을 살아가는
과정이 물음과 느낌 그 자체가 되어야 한다.

허파

겨울의 시인들은 모두 감기에 걸려 있다. 그래서 그들이 시를

쓰는 것은 바로 그들의 기침 소리이기도 하다. (…)
우리는 기침 소리를 듣고 있다. 생명의 절규와도 같고
근엄한 경고와도 같은 그 소리에서 봄의 떡이파리처럼
피어나는 허파, 풍금 소리처럼 울리는 그 허파를 생각한다.
아! 지금 우리는 살아 있지 않은가.

아르고스의 배

전설에 의하면 인간이 맨 처음 바다 위에 띄운 배는
'아르고스'라고 한다. 그것은 인간이 비행기를 타고 하늘을
날 수 있던 근대인의 그 경이와 모험에 비길 수 있다.
신은 인간에게 아가미를 주지 않았다.
인간은 역시 다른 동물과 마찬가지로 육지에서 살도록
운명 지어진 것이다. 그러나 '아르고스'의 배는
인간이 강이나 바다 위를 물고기처럼 다닐 수 있다는 것을
증명한 것이다.

지붕

옥상이 아니라 지붕이어야 한다. 평지처럼 납작해진
우리들의 머리에, 건물들만이 뒹굴고 있는 그 자리에,
시인들은 죽어버린 혼을 다시 부르는 초혼제의 자리를
마련해주어야 한다.

빈칸

빈칸이 있어야 독자를 끌어들이는 힘이 생겨요.
빈칸 없이 정확하게 말하면 끌어들이는 힘을
못 가져요. 사용 설명서나 안내문을 봐요.
상상력이 비집고 들어갈 틈이 없지.

한순간

창조 뒤에는 늘 외로움과 정적, 그리고 암흑이 온다.
한밤의 태양이 아닌 대낮의 어둠이 있다. 딱 한 번밖에
못 하는 것이기 때문에 이벤트는 아름답고 절실하다.
되풀이되지 않는 시간이요, 다시 점유할 수 없는 공간이다.
사람들은 일회성 행사에 왜 그 많은 돈을 낭비하느냐고
묻는다.
이 물질주의자들에게 반문하고 싶다. 당신이 태어날 때,
죽을 때도 한순간이다. 그것을 위해 당신은 전 생애를 바치고
있지 않은가.

기다림

좀 기다려요. 성급한 질문은 서툰 해답밖엔 가져오지
못하니까.

상상력

상상력이란 여름에 겨울옷을 꺼내 입는 것 같은 일이다.

—

상상력 가운데 가장 중요한 것은 반대의 것을 결합하는
능력이다. 물과 불은 영원히 대립해 있는 것이지만, 시인들은
옛날부터 이 반대되는 물질을 결합시키는 상상의 용광로를
지니고 있었다. 시인들이 그렇게 많이 '술'을 노래해온 것은

그것이 '불타는 물'이었기 때문이다. 알코올이라는 물질 자체가 발화성을 지닌 액체지만 그것이 정신에 일으키는 영향도 물의 평정과 불의 격동을 동시에 지니고 있다는 것을 알 수 있다.

시선

태아의 눈으로 이 세상을 바라볼 수 있다면 무의미하고 피곤하며 권태롭기만 하던 이 세상이 천국의 이슬처럼 보이게 될 겁니다. (…) 태아의 눈으로 사물을 바라본다면 바로 이 자리가 에덴일 수 있다는 이야기는 곧 논리, 습관, 기능에 오염되지 않고 사물과 만난다면 이 세계를 에덴으로 개조시킬 수 있는 희망이 우리에게도 있다는 것입니다.

위기

어떤 재앙은 방향을 틀어서 다른 길로 들어서게 하지. 코로나도 마찬가지야. 평탄할 때에는 만인이 평등해. 욕망도 비슷하고 별 차이가 없어. 그런데 위기의 순간이 오면 창조적인 사람과 그렇지 않은 사람의 차이가 커지지.

실패

뜻대로 되지 않았다 해서, 계획대로 되지 않았다 해서 너무 서러워할 것은 없다. 그 옛날 니콜라스 교회의 크리스마스

이브처럼 사고가 때로는 창조의 계기가 되는 수도 있다.
이 우연과 사소한 기적이 있기 때문에 인생은 살아갈 만한
보람이 있는 것이다. 불행이 그리고 실패가 도리어 아름다운
멜로디를 만들어내는 것, 그것이 인생인지도 모른다.

창조

창조는 외로운 거야.

—

이제는 미쳐야班 미치는& 세상이야.

—

창조란 투표로 되는 것이 아니다. 그것이 민주주의고 그것이
여론이고 그것이 모든 것을 정한다고 생각하기 쉬운데,
창조란 천 사람이 앉아 있어도 혼자 걸어갈 수 있는 것이고
천 사람이 가도 혼자 앉아 있을 수 있는 것이다.

의심

누구나 어렸을 때는 질문을 한다. 새로운 것에 대한
지적 호기심을 갖는다. 하지만 점점 자라면서 더 이상 묻지
않는다. 더 이상 신기한 것이 없고, 어제 뜬 태양이 오늘도
뜬다는 것을 당연시하고, 그것을 의심하는 사람을 바보로
생각한다. 하지만 기억하라. 의심 많은 바보가 세상을
바꾼다는 사실을.

한恨

한은 푸는 것보다 품을 때 생각과 창조의 원동력이 될 수 있어.

가르침

가르친다는 것은 메말라 굳어져가는 정신을 갈아엎는 것이다.
그래서 고정관념이나 타성에 젖은 마음에 새 지식의 공기가
스며 배게 하는 것이다.

고통

고통이 따르지 않는 창조는 없어요. 창조적인 것은 고뇌의
밤을 지나서야 비로소 얻어질 수 있는 햇빛 같은 것입니다.
현대인은 창조에서 얻는 기쁨보다는 소비에서 얻는 쾌락을
더 좋고 있기 때문에 사랑 또한 창조의 형태가 아니라 소비의
방식으로 나타나게 되는 겁니다.

향수鄕愁

향수는 현실에서 멀리 떨어져 있을수록 아름답게 보인다.
먼 데서 쳐다봐야 한층 더 붉게 보이는 단풍과도 같다.

떠돌이

우리에게 떠돌이는 기분 나쁜 말이지만,
유목민들에게 떠돌이는 새로운 것을 의미해.

파괴

창조와 파괴는 동전의 양면 같은 거야.
창조를 하려면 먼저 파괴를 해야 돼.

알

줄탁동시啐啄同時, 생각은 알 속에서 자란다. 그러다가 어느 날
알껍데기를 깨고 나온다. 알 속에 갇힌 새끼가 그 연약한
부리로 껍데기를 두드린다. 하지만 혼자의 힘으로는 두꺼운
껍데기를 깰 수는 없다. 어미 새가 동시에 밖에서 쪼아준다.
새끼가 쪼는 '줄啐'과 어미가 쪼는 '탁啄'이 만나 이윽고
생각이, 생명이 병아리 소리를 내며 탄생한다. 삐악삐악,
작지만 우주의 생명이 태어나는 천둥 번개의 소리다.
그것을 그리스어로 하면 유레카이다. 뭔가 우연이라고 부르는
더 큰 바깥의 힘이 견고한 껍데기를 쪼아 균열을 일으키는 것,
그 순간을 심리학자들은 유레카 모멘트 혹은
'아하 체험'이라고 부른다.

유레카eureka

아르키메데스는 목욕탕에서 부력의 원리를 찾았고 뉴턴은
사과가 떨어지는 것을 보고 만유인력을 발견했다고 한다.
모두가 지어낸 전설이라고 하면서도 사람들은 그것을 믿고
싶어 한다. 진부眞否에 관계없이 그런 이야기가 몇백 년,
몇천 년을 두고 전해오는 까닭은 모든 사람의 마음속에
항상 생각의 시작, 유레카의 놀라움이 움트고 있기 때문이다.

갈증

우린 왜 무엇을 만들려고 하지? 없으니, 비어 있으니
만들어내려는 의지가 생기는 거요. 충족된 사람은 아무것도
만들려고 하지 않아요. 그러니까 무엇인가를 만들려는
창조의 정신은 먼저 '무無의 인식'으로부터 출발하는 거지.
'텅 비어 있는 상태' '없는 상태'에서 벗어나려는 거지요.
목마른 사람이 우물을 판다는 속담이 있듯이 생명의 갈증을
느껴보지 못한 사람은 창조에 대한 충동도 없는 사람이에요.
(…) 창조는 환경에 대한 도전이며, 변화의 요구이고,
자신의 존재를 증명하는 일입니다.

—

한곳에 머물러 있는 사람들은 갈증의 의미를 모른다.
갈증, 그것은 나그네만이 가질 수 있는 고통스러운 특권이다.

—

내겐 갈증이 필요하다네. 나는 그것을 두레박 같은
갈증이라고 불러. 두레박은 물을 푸면 비워야 해.
그래서 영원히 물을 풀 수 있어. 독은 차면 그만이잖나.
채우는 게 목적이니까. 반면 두레박은 물의 갈증을 만들지.
두레박의 속성이지. 영원히 채울 수 없다는 것.

책

나는 80년 동안 책과 함께 살아왔어요. 어머니의 품에 안겨

어머니의 음성으로 듣던 그 책이 내 창조력의 씨앗이 되었지.

나눔

예술적인 공감은 나눌수록 커지지만 돈이나 권력이나 물질은
함께 나눌수록 자기 몫이 적어져요. '이익'을 나누는 세계…
그것이 소비의 세계라면 공감을 나누는 세계는 창조의
세계예요.

물음표

내가 지금까지 배운 지식, 알고 있는 모든 사물에 물음표를
달아보세요. 그러면 세상을 덮고 있던 먼지와 때가
벗겨지면서 낯설게 보일 것입니다. 물음표는 요술 지팡이처럼
보일 것입니다. 그것이 닿는 곳마다 천지가 창조되던 태초의
아침처럼 눈부시게 빛날 것입니다.

물음느낌표

내 인생은 물음표와 느낌표 사이를 시계추처럼 오고 가는
삶이었어. 누가 나더러 '유식하다, 박식하다'고 할 때마다
거부감이 들지. 나는 궁금한 게 많았을 뿐이거든. 모든 사람이
당연하게 여겨도 나 스스로 납득이 안 되면 아무리 사소한
것이라도 그냥 넘어가지 않았어. 물음표와 느낌표 사이를
오가는 것이 내 인생이고 그 사이에 하루하루의 삶이 있었지.

어제와 똑같은 삶은 용서할 수 없어. 그건 산 게 아니야.
관습적 삶을 반복하면 산 게 아니지.

———

내가 만약 유럽에서 태어났고 누군가 내게 우리 가문의
문장을 만들라고 했다면 '물음느낌표'로 정했을 거야.
'왜?' '어떻게?' 하는 물음표가 있어야 '아!' 하고 무릎을
탁 치는 느낌표가 생기지.
물음표가 씨앗이라면, 느낌표는 꽃이야.

우리
우리we라는 우리cage에 갇혀버리면 새로운 것을
창조할 수 없어요.

해부
상상력이란 사물을 부풀리는 것이 아니라 해부하고 쪼개는
행위입니다. 존재의 그 딱딱한 껍데기 안에 잠재해 있는
시간과 공간의 이미지를 끄집어내는 일입니다.

궤변
상대방의 말을 궤변이라고 몰아치는 사람의 말일수록
궤변일 가능성이 크다.

동력

타성에 의한 움직임은 언젠가는 멈출 수밖에 없다고.
작더라도 바람개비처럼 자기가 움직일 수 있는 자기만의
동력을 가지도록 하게. 백번을 말해도 부족하지 않아.
생각이 곧 동력이라네.

아이

어린이의 눈에는 이 세상 모든 것이 경이롭게 보여요.
이름 모를 풀과 나무, 어둠 속에서 들리는 벌레 소리,
달빛 속의 그림자, 나는 그것들과 이야기하고 물으면서
그 두꺼운 껍질들을 벗기고 싶은 욕망으로 온몸이
근질거렸어요.

—

초등학교 가기 전의 내가 내 상상력의 보고이고, 그때 봤던
세계가 오늘날 감성과 예술의 기반이 돼요. 내가 이 세상에서
처음으로 봤던 햇빛, 나뭇잎을 흔들리게 하는 바람…
그게 내겐 최대의 자산이지.

발견

사과가 나무에서 떨어지는 것이나, 주전자 뚜껑이 움직이는
것은 뉴턴이나 와트 이전에도 수많은 사람들이 목격했다.
그러나 그것이 만유인력의 발견이나 증기기관의 발명으로

발전되지는 않았다. 그런 현상 자체보다는 그것을 바라본
뉴턴이나 와트의 물리학적인 인식과 통찰력이 더 중요한
것이다. 말하자면 사과와 주전자 뚜껑에서 물리적 법칙을
끌어낸 의식의 지향성에 그 발견과 발명의 보다 큰 원인이
있는 것이다.

자극

너무 단순한 내용의 책은 무한한 가능성을 지닌 아이들의
두뇌개발을 오히려 제한할 수도 있어. 적절한 자극이
필요하다는 얘기야.

—

창조력을 끌어내리려면 외부로부터 무지막지한 자극을 받아야
되는데, 즉 침략을 받거나 떠돌아다니거나 많은 시련을
겪어야 창조력이 생기는데, 유태인들은 전 세계에 퍼져
있으면서 나라도 없이 떠돌아다닌 사람들이지요.
유태인들은 어디 가든지 학대를 받았는데 그 학대받았던 것을
들자면 한국인이 유태인들보다 별로 뒤질 것이 없지요.
그러니까 창조라고 하는 것은 학대와 같은 인종차별 때문에
오는 여러 가지 설움이라든지, 한이 많은 곳에서
외부로부터의 엄청난 자극에 의해서 나오는 것이지, 편안한
곳에서는 절대 창조가 나오지 않습니다.

반대

모두가 반대하는 걸 보고
'이거 성공하겠구나' 하고 자신을 얻었어.

운정

인재

우리 모두가 창조자가 될 수는 없어. 창조인은 기르는 게
아니라 발견하는 거예요. 창조적 인물을 알아보는 세상.
그것이 바로 창조적 세계지.

화전민

화전민은 불을 지르지 않고는 곡식의 씨를 뿌릴 수 없어.
불을 질러서 태운 재 속에 씨를 뿌려야 하니까.

경고

「우상의 파괴」에서 우상은 일종의 은유야. 우상 자체가
아니라 우상을 믿는 어리석은 믿음을 파괴하자는 것이었어요.
문단 원로들을 향한 공격이 아니라 그분들을 우상으로 섬기는
내 또래의 젊은이들을 향해 던지는 불화살이었지.

멈추다

창조란 잘 달리는 슈퍼카가 아니라 고장 난 구닥다리 차와도
같은 것이다. 남들이 정신없이 달릴 때 홀로 멈춰 선다.
그리고 본다. 느낀다. 생각한다.

무덤

고정관습과 인습에서 벗어나려면 창조적 상상력이 필요해요.

317

반反체제든 친체제든 '체제적 체제'에 갇히면 창조의 무덤이
되는 거야.

대화

글은 혼자 쓴다. 하지만 대화는 반드시 상대가 있어야 한다.
글이 말이 되고 혼자 있는 밀실 대화의 살롱이 되면, 생각도
달라진다. 말하는 것만이 아니라 듣는 기술도 있어야 대화가
성립되고 혼자서는 할 수 없었던 새로운 지적 초원으로 갈 수
있다.

유머

격렬한 논쟁이 벌어졌을 때 최고의 해결 방법은 긴장을 푸는
유머야. 웃음은 단단한 갑옷을 벗기고 창을 내려놓게 하는
최상의 무기거든. 해원상생解怨相生, 풀어야 힘이 생기는
한국인들에게는 더하지.

글로컬리즘

우리 것만 고집해서도, 외국 것에 경도되어서만도 안 돼.
글로벌리즘globalism과 로컬리즘localism이 합쳐져야 하지.
일명 글로컬리즘glocalism. 극과 극의 것을 배척하지 않고
끌어안아 결합시켜야 창조적인 아이디어가 나와요.

이종교배

나와 다른 뇌가 만나야 창조가 나오는 거지. 결국 창조의
원천은 문화적 유전자가 다른 두뇌,
에일리언 인텔리전스alien intelligence가 만나는 거야.

카오스

창조는 카오스에서 생겨. 질서에서는 안 생기지. 질서는 이미
죽은 거라네. 코스모스가 되면 죽은 거야.

관습

만인이 납득하는 아이디어는 아이디어가 아니지.
낡은 생각이라는 증거니까.

무리수

피타고라스는 모든 세상 원리를 숫자로 풀 수 있다고
생각했는데 무리수를 발견하고서는 낙담한 거야. 무리수를
발견한 제자를 바닷물에 빠뜨려 죽였다는 말도 있을
정도니까. 세상에는 무리수의 경우처럼 과학이나 숫자로
안 풀리는 게 있다는 것을 알고 절망할 줄도 알아야 해.
그래야 새로운 사고를 할 수 있거든.

의문

'의문'이야말로 창조의 산모이며 발전의 도약대이다.

데이터

데이터가 아무리 많아도 유효한 것을 끌어내리려면 항상 촉을
세우고 있어야 해. 그래서 빅데이터 연구에 인문학이 중요한
것이지. 관심이 많아야 하고 또 잡雜스러워야 돼. 잡담이니
잡학이니 하는 것처럼 사람이 약간 잡스러워야 남들이
생각하지 못했던 것과 접할 수 있어.

젊음

젊은이들, 오늘의 문명에 도전하며 낡은 윤리를 향해 피켓을
들고 있는 현대의 젊은이들은 생의 표면이 둥근 것이다.
국가도, 종교도, 미美도, 개인적인 사랑이나 욕망도
그것은 다 같이 같은 구면球面에 찍힌 점에 지나지 않는다.
어느 것이 중심이고, 어느 것이 시작이고,
어느 것이 끝이라고 말할 수 없다. (…) 이 가치의 다양화,
모든 것을 받아들이고 또한 모든 것을 거부하는, 말하자면
인생을 구형球形으로 살려고 하는 그 긴장감이 있기 때문에,
그것은 벽에 영영 꽂혀버리거나 혹은 부서져버리지 않고
그 반대 방향으로 튀어나올 수가 있다.

벤처

벤처라는 말은 이미 셰익스피어의 『베니스의 상인』에
등장한다. 무역선에 싣는 상품들을 그렇게 불렀다.
배가 무사히 돌아오면 대박이고 도중에 풍랑을 만나 뒤집히면
아무것도 건지지 못했기 때문이다. 그런 면에서 인간은
근본적으로 벤처 동물이다. 다른 동물들은 불이 무서워
피했으나, 그 위험을 이용해 문명을 만든 것이 인간이다.
예술가의 경우처럼 순수한 창조의 욕망을 지니고 목숨을
걸 때 비로소 벤처 기업은 성공한다.

—

우리 벤처 망하는 것, 당연한 겁니다. 미국 사람들은 실리콘
밸리에 들어갈 때도 자기들끼리 이런 말해요. '우리 죽으러
들어간다'라고. 벤처 기업을 하는 사람들은 다 꿈꾸는
사람들입니다. 기존의 틀 속에서 성장할 수 없는, 하고 싶지
않은 자들이 들어가는 거지요. (…)
전 벤처 기업가는 다 예술가라고 생각해요. 망해도 좋다,
죽어도 좋다며 매달리는 게 예술가잖아요. 대가를 바라지
않는 열정과 헌신, 이것은 시인이자 예술가의 마음이죠.

관찰

우리는 사물을 보지 않는다. 본다기보다 사물 위를 그냥 스쳐
지나간다. 얼음판을 스치듯이 미끄러져 가는 것이다.

그러기 때문에 사물의 형태나 빛깔 그리고 그것들이 끝없이
우리를 향해 말하고 있는 이야기들을 듣지 못한다.
만약 우리가 시선을 멈추고 어떤 물건이든
단 1분 동안만이라도 가만히 들여다보면 그것들은 어김없이
먼지를 털고 고개를 치켜들 것이다. 이 세상에 처음 태어난
순간처럼 전연 낯선 얼굴로 우리 앞에 다가설 것이다.
모든 도구는 필요한 물건으로서가 아니라 삶의 감동을
나누어주는 조형물이 되어 조용히 내 앞에 와 앉는다.

용기
모든 창조는 던지는 거야. '돈만 있으면 할 수 있습니다' 하는
건 의미가 없어. '천금을 줘도 할 수 없습니다' 하는 걸
시도해야지.

네트워크
창조적인 사람이 한 명이면 따돌림을 당해서 안 돼. 창조적인
세력이 많아야 서로 네트워크를 맺고 교류를 해서 결과물을
끌어낼 수 있어요.

준비
정말 창조적인 건 (자신을) 위기에 빠뜨리지 않는 것이지.
다 쓴 치약을 쥐어짜듯 하면 안 돼요. 창조는 천재적인 것이

아니거든. 미리 대비하고 분석하다 보면 남이 생각하지
못하는 것이 나오는 법이지.

모험

난 별로 여행을 좋아하지 않지만, 낯선 곳에 가면 괜히
슬픔이 밀려와요. 고개 한 번만 돌리면, 언덕 하나만 넘으면,
내 평생 보지 못했던 어떤 거리, 어떤 사람 들이 있을 텐데
그걸 다 못 보고 지나쳐 가는구나. 그런 아쉬움이 나를
끊임없이 방황하고 지치게 해요. 집이 책으로 넘치는데
지금도 '아마존' 들어가고 '예스24' 가서 자꾸 책을 사요.
그걸 다 읽을 수 있는 것도 아니련만 책장 하나를 넘기면
만나게 될 새로운 세상, 그걸 놓쳐버리는 게 너무 아쉬워서.

다양성

다색다양多色多樣에서 창조적 상상력이 나와요. 그런데 우리는
어때요? 일색一色이라는 표현에 익숙하잖아.
정치, 경제, 사회가 다 한 가지 색이 지배하는 일색.
나는 그게 질색이야. 한국의 획일적 사회와 문화를 깨뜨리지
않으면 우리의 미래는 없어요.

고정관념

유치원생 아이들은 아무 편견과 고정관념이 없다. 그들에게

날아가는 새, 흘러가는 구름, 피는 꽃, 전부 경이로운 것이다.
그런데 어른들은 알지도 못하면서 '나는 꽃 피는 거 다 안다,
새 우는 거 다 안다'라고 한다. 모르면서도 안다고 생각해야
철이 들었다고, 어른이 되었다고 생각하기 때문이다.

─

우리 편은 백로고 상대방은 까마귀라고 단정을 지어버리면
우리가 어떠한 나쁜 짓을 해도 그것이 올바르다고 믿게 된다.
(…) 고정관념은 우리를 유형화하고,
단순화시켜 많은 지식과 정보를 차단시킨다.
생각하지 않고서도 아는 것이라 착각하고,
우리를 안일하게 만드는 것이 바로 이 고정관념이다.

생사람

어찌 보면 가르치지 않고 방치하는 게 창조성을 죽이지 않는
방법일 수 있어요. 생사람은 팔딱거리는 생각의 야성이
살아 있는 사람이거든. 생사람. 참 좋은 말이잖아.
견고한 틀과 사고로 무장한 사회와 조직은 생사람을 잡아요.

거시기 머시기

빡빡한 데카르트의 아이들이 싸우는 이 지知의 최전선에서
질식하지 않고 살아가려면 '거시기 머시기'의 방독 마스크가
꼭 있어야 한다는 거지. 이것도 아니고 저것도 아니지만 뭔가

분명히 우리가 서로 알고 있는 것, 말로는 잘 표현할 수 없는 안개에 쌓인 그 무엇 말이야. (…)

프랑스혁명 때부터 좌우는 싸워왔지. 그런데 우리는 어때? 한참 말싸움하다가 '좌우지간左右之間에 말야' 하고 뜸을 들여. 좌와 우 사이에서 뭔가를 찾자는 거지. 너와 나의 입장 사이에 싸움을 푸는 무엇인가 있다는 생각이야. 그러니 한국말에는 '잘하다'와 '못하다'사이에 '잘못하다'라는 이상한 말이 있는 거고. 100퍼센트 잘한 것도 못한 것도 이 세상에는 없어. 좌우가 양극화하면서 잘못하다는 말은 '못하다'의 의미로 기울어지고 말았지만, 분명 우리는 극단적 이항 대립에서 벗어나 제3항의 '거시기 머시기'를 찾으려고 했잖아. 말이나 논리로는 꼭 찍어낼 수 없는 세상이 분명 존재해. 그것을 찾는 것이 창조적 삶이야.

역할

개인적인 창조보다는 그것이 사회성을 얻고 역사성을 얻었을 때 티끌만 한 것이라도 자랑스러워. '창조'를 개인적인 것으로 생각하지 않았으면 해요. 역사와 사회의 일각을 바꿀 수 있는 창조야말로 의미 있는 창조지.

시야

우리는 보이는 대로 보지 않고, 생각한 대로 생각하지 않고,

행하는 대로 행하지 않기 때문에 많은 거짓과 잘못된 옷을
입고 있는 거예요.

지적 호기심
내 얼굴이 꼭 짓궂은 여섯 살 아이 같다, 노인 냄새가
안 난다고들 하는데, 그건 나빠 아니라 물음느낌표를 갖고
지적 호기심에 빛나는 사람들의 공통점일 거예요.

타우마젠thaumazen
문학이나 예술을 말할 때는 어린 시절의 호기심에 빛나는
내가 있어. 사물마다 경이롭고, 나비마다 다르게 날고,
꽃들마다 환희에 차 있는. 이게 그리스인들이 말하는
'타우마젠(호기심이 해결되는 순간)'이지.
타우마젠을 얻는 게 나한테는 최고의 즐거움이에요.

주체성
내가 다른 사람과 조금 다른 점이 있다면, 무엇이든 내 머리로
생각한다는 점일 거야. 스스로 납득할 때까지.

우물
실패는 좌절이 아니라 도전이에요. 우물을 파서 물을
마시려는 사람은 그게 끝이야. 물이 안 나왔으니까.

그런데 호기심으로 우물을 판 사람은 물이 안 나와도 끝이
아니야. 호기심은 그대로니까. 성공을 목적으로 살아가는
사람처럼 불행한 사람은 없어요. 또 다른 우물물을 찾으러
다니는 사람은 죽을 때까지 만족이 없는 법이지.

제로

내가 성장하던 시대는 자기 정체성이 분명하게 없었던
시대였죠. 서울의 도시 체험이라고 하는 것도 첨단 도시가
아니라 완전히 폐허의 도시였어요. 전쟁 때문에 울타리도
없고 길거리도 없고. 한마디로 우리 세대는
자기 정체성마저도 상실한 세대이기 때문에 제로에서부터
시작하는 거라고 생각했습니다. 그리고 나는 이것이 굉장한
불행인 줄 알았는데 내 일생을 살아가는 데 귀중한 체험이
되었습니다. (…)
이것이 지금까지의 내 문학 이론의 기본적인 바탕입니다.
끝없이 낡은 것을 버리고 새로운 것을 찾아 자기를 몰입시킬
수 있는 것입니다.

동화

동화는 반드시 숲이나 구름에만 있는 것은 아니다.
아이들의 시선 속에서는 하찮은 쓰레기라도 환상의 날개를
달고 번뜩거린다.

불가능

당장 불가능한 것이라고 생각했던 일도 후일에 생각하면
가능했던 것이다.

—

어차피 불가능할 것이라면 꿈이라도 찬란하게 꾸자.

기회

서울 문리대 국문과라고 하니까 사람들이 전부 한숨을 쉬면서
아이고 쟤가 하나라도 뭐가 돼가지고 우리 집안을 일으켜야
할 텐데, 국문과라니. 저거 먹여 살리게 됐다. 저거 가난한
사람 됐다. 근데 어때요? 여든 살이 돼요, 세금을 얼마 내는가
한번 보세요. 나는 다 공개되니까. 생명의 직업을 선택했고,
그것을 했기 때문에 여든일곱에 여러분을 만나서 이야기를
하고, 강연료도 받고. 같은 값이면 지금 불리한 거 같아도
무언가 생각하고, 생명적인 거, 공감하는 거, 눈물 있는 거,
이런 쪽으로 가면 그 사람에게 미래가 있어요.

재구성

어떻게 창조하느냐? 어떻게 남과 다른 이야기를 할 수
있느냐? 간단한 공식은 지금까지의 통념을, 편견을,
고정관념을 뒤엎어보는 것이다. 그러면 새로운 이야기가
나올 것이다.

넘나들다

앞으로 누가 이기느냐? 바다와 땅과 하늘의 그 사이를
이어주는 사람이 성공한다. 하늘의 왕자, 땅의 왕자,
바다의 왕자 소용없다. 옛날에는 그랬는지 몰라도 이제는
바다와 땅을 넘나들고, 하늘과 땅을 넘나들고, 하늘과 바다를
넘나들 수 있어야 살 수 있는 세상이 왔다.

질문

나는 '수'를 받고 그냥 좋아하는 아이보다도 '가'를 받고
대체 이 '가'란 뜻이 뭐냐고 물을 줄 아는 아이의 머리를
쓰다듬어주고 싶다. 너희들은 어리다. 어떤 해답을 쓰기보다는
한창 무엇인가를 물어야 할 그런 나이인 것이다. 너희들이,
묻는 말에 잘 대답할 줄 아는 똑똑한 아이가 되기보다는
거꾸로 궁금증을 묻고 또 묻는 그런 바보스러운 아이이기를
희망한다.

—

서투른 음악이 때로는 명연주보다도 감명을 줄 때가 있다.
잘 정리된 철학자의 인생론보다도 철없는 아이의 질문이
진리에 한층 더 가까울 때가 있다.

—

하나의 질문이 성숙하게 익어가고 거기서 하나의 해답이
나올 때까지 끝없이 끝없이 질문하는 그 과정 속에서

핵자기 공명 같은 인류 최초의 발명을 할 수 있습니다.

—

질문하라. 모든 사람이 응답을 하는 것이 아니라 질문을 하는
길로 가면 지적 호기심 속에서 많은 것을 발견하게 될 것이다.
대답은 바깥에 있는 것이 아니다. 자기 가슴속에 싹트는
의문, 질문, 여기서 해답이 생겨나는 것이다.

상상

한 가지의 나무에만 앉아 있는 새는 피로를 모른다.
동시에 그 새는 생기도 또한 없을 것이다. (…) 시장에서
물건값을 깎고 있는 사람들, 봉급 날짜만을 기다리고 있는
지방 관리들은 한 나무의 가지에 꼭 매달려 있다.
다른 말로 바꾸면 현실의 체제 안에 갇혀 지내는
사람들은 참다운 피로를 모른다. 마치 방 안에 갇혀 있는
사람은 방 안의 냄새를 맡을 수 없는 것처럼
피로해도 그 피로를 모른다.
우리는 상상의 날갯짓을 통해서 그 일상적 세계,
두꺼운 체제의 벽을 돌파하고 신선한 바람을 호흡한다.

심해

바다의 파도가 바다일까, 아니면 심해 밑바닥이 바다일까.
사람들은 바다 표면에서 그때그때 이는 파도를 바다라고

생각하지. 하지만 진짜 바다는 우리 눈에 보이지 않는 바다의
밑에 있어요. 침묵하고 어둡고 스스로 빛을 발하지 않고선
짝을 찾지도 못하는 심해어들이 사는 그 해저에
진짜 바다가 존재하는 것이지.

방황

개미들은 먹이를 찾을 때 우왕좌왕 동서남북으로 헤매고
다니지요. 일정한 목표도 뚜렷한 규칙도 없이 그냥
방황합니다.
하지만 일단 먹이를 찾으면 곧바로 자기 집으로 돌아옵니다.
일직선으로 먹이를 들고.
방황을 두려워하지 말아요. 방황한다는 것은 무엇인가
찾고 있다는 것.
그 어지러운 곡선들은 먹이를 찾는 상상력의 흔적.
어디엔가 숨어 있을 보물을 발견하려는 탐색의 열정이지요.

자율

필요해서 억지로 일을 하는 것보다 그저 하고 싶어서 하는
자율적 행동 여기에 살아 있는 문화와 문명이 만들어집니다
철학자들은 그걸 '자기 목적적autotelic'이라고 부르지만
우리에게는 더 쉬운 사자숙어가 있어요.
무용지용無用之用.

당장은 쓸모없어 보이는 것이 두고 보면 긴요한 쓸모를
낳는다는 것이지요.
차를 몰 때 GPS를 사용하시나요. 그 편리함은 몇십 년 전만
해도 쓸모없다고 여겼던 아인슈타인의 우주과학 이론
덕분입니다.
당장 필요한 것만 찾아다니는 사람보다는 일 자체가 좋아서
일에 몰두하는 사람, 그가 바로 창조인입니다.

협경

코피티션copetition(협력cooperation + 경쟁competition)하는 사람이
콤피티션competition하는 사람을 이길 수 있다.

날다

100년 전만 해도 인간이 하늘을 난다는 것은 단순한 꿈이었다.
뉴컴Simon Newcomb 교수는 1900년에 인간은 절대 무거운
발동기를 달고 하늘을 날 수 없다는 것을 수학적·물리적
이론으로 증명하는 책을 냈다. 그러나 그 책이 나온 뒤
얼마 지나지 않아 자전거 가게를 운영하던 라이트 형제가
키티호크의 풀밭에서 하늘을 나는 인간의 꿈을 실현시켰다.
뉴컴 교수에겐 지식은 있었지만 꿈이 부족했다.
결국 비행기는 과학자의 머리가 아니라 꿈꾸는 자의 가슴에서
탄생한 것이다.

생각

등자鐙子는 사람이 말에 오를 때 필요한
발판입니다. 그래서 옛날에는 말 왼쪽에만
달았다고 해요. 그런데 누군가 말 오른쪽에도
똑같은 등자 하나를 더 달 생각을 했지요.
그 순간 등자의 의미가 달라졌습니다.
이제는 누구나 두 다리로 등자를 딛고 일어설
수 있게 된 겁니다. 달리는 말 위에서도 마치
땅에 딛고 있는 것처럼 칼을 휘두르고 활을 쏘고
깃발을 들고 달릴 수 있게 된 것이지요.
단지 등자 하나를 더 단 것인데 말이 무서운
신무기로 변하여 일기당천一騎當千, 말을 탄 기사
하나가 천 명의 보병을 이기는 세상이 온
것입니다.

그래서 왕과 기사 계급과 기사도의 새로운
세력이 일어나 왕국의 크기가
달라지고 성곽의 높이가 달라졌지요.
기사들의 이야기가 로망스가 되고
『돈키호테』 같은 소설이 나오는 문화가 탄생했지요.
세상을 바꾼 것은 말이 아니라 등자입니다.
아닙니다. 등자가 아니라 생각입니다.
아닙니다. 그냥 생각이 아니라 작은 생각입니다.
당신의 작은 생각이 세상을 바꿉니다.

미래

미래는 불확실하지만 하늘의 별을 바라보며 별점을 쳤던
옛날처럼 멀고 높은 곳을 보고 달리면, 미래는 생각한 대로
운명처럼 다가오기 마련이다.

사고思考

관심, 관찰 그리고 관계. 인문학을 문사철이라고 하지만
모든 지적 프로세스는 인문학이든 자연과학이든 종교든
정치든, 바로 그 세 가지야.

항해

성급하고 안이하게 결론을 내리려고 하기 때문에
'어쨌든'이란 말이 판을 치는 것이다. 그것이 지름길이
아니라도 좋다. 어떠한 문제에 도달하기 위해서 우리는 콜럼
버스의 지루하고도 위험하며 고통스러운 항해를 거부해서는
안 될 것이다. 어떠한 과정을 통하여 어떠한 연유로 해서
우리는 지금 여기에 이렇게 있는 것일까? 지성의 훈련은
바로 그 과정의 모색에 있다고 할 것이다.

왜

'어쨌든' 대신에 '왜'라는 말에 더 많은 시간과 노력을
기울여야 할 것이다. 항상 의문을 갖는 생활, 의문이 중시되는

행동을 하면서 살아가는 습관이다.

지성은 '회의의 씨앗'이라고도 한다. 맹목이야말로 지성의
적이며 지성의 상징喪章이다. '왜?' 행동하기 이전에, 복종하기
이전에, 동의하기 이전에, '왜'라는 그 좁은 문을 통과하기를
주저해서는 안 될 것이다.

회색

화가 파울 클레Paul Klee는 말했지요. 회색은 우주의
근원점이라고. 회색은 검은색도 아니며 흰색도 아닙니다.
동시에 흰색이며 검은색입니다. 좌우가 싸울 때 회색분자는
기회주의자로 지탄을 받지요. 그러나 모든 것이 통하고
융합하는 통합의 시대에는 회색은 기회주의자의 빛이 아니라
창조주의자의 빛이 됩니다.

랜덤니스randomness

지난날에는 '모른다'고 하면 바보 취급을 당했어요.
그런데 오늘날에는 '모른다'는 것이 귀중한 것이지요.
'엉터리'라든가 '모르겠다'는 것이 중요한 의미를 가집니다.
다시 말해 '랜덤니스'가 시대의 주인공이 되는 것입니다.
행동의 스타일에 대립적인 것이 있다는 이야기입니다.
상황을 모르는 경우, 보기 전에 뛸 것인가, 뛰기 전에 보아야
하는 것인가? (…) 컴퓨터도 있고 오토메이션도 있으니까.

뛰어봄으로써 상황이 바뀔 수도 있는데 뛰어보려고 하지
않아요.

오늘날에는 모두가 보고 있고, 보이는 것은 누구에게나 뻔한
것이니까 결국 뛰는 자가 현명하고 뛰려고 하지 않는 자가
어리석다는 것입니다. 무턱대고라도 뛰어보는 것이
현명하다는 뜻입니다.

AI

나는 물건을 만드는 것이나 언어를 만드는 것이나 같다고
봅니다. 시인도 예술가도 기업도 어떻게 하면 독자(소비자)를
감동시키는가, 마음을 움직이게 하는가를 실천하고 있기로는
마찬가지입니다. 그러니까 시인의 논리를 기업 문화 속에서
적용시키라는 것이지요.

예를 든다면 물건을 만들 때 바이올리니스트가 음악을
연주하듯이 하라는 것입니다. 물건을 사는 사람이 어떻게
해야 감동을 하며 눈물을 흘리고 기뻐하느냐 하는 것을 찾는
겁니다.

가능성

누군가 쌀을 줄까 농사지을 땅을 줄까, 하면 농사지을 땅이
더 좋고, 누군가 석유를 줄까 아니면 석유가 나는 유전을
줄까, 하면 유전을 발굴하는 게 낫지요.

이미 만들어놓은 것과 만들어가는 것은 아주 큰 차이가 있지요. 당장 눈에 보이지는 않지만 창조하고 생산할 수 있는 가능성에 투자하는 것이 미래를 위해 훨씬 더 값진 일이 될 수 있습니다.

—

가르칠 것이 있다는 것은 부족한 것이 있다는 것이고, 부족함이 있다는 것은 변화를 만들어낼 수 있는 가능성이 있음을 의미합니다. 거기에서 개체라는 것이 생기고 창조력이 움틉니다.

집

창조란 무엇인가라는 것을 생각했을 때에 집을 우선 연상한다면 어느 정도 감이 갈 것입니다. (…) 아무것도 없는 벌판에 동서남북 네 기둥을 세운다는 것이 우주 아니겠습니까? 거기에 지붕을 얹고 외계로 통하는 창문을 만들고 그리고 영혼처럼 안에서 불을 켜는 거예요. 어디를 여행하다가 오두막집에서 불빛이 새어 나오는 것을 보며 신비함을 느꼈던 경험이 있을 것입니다. 인간들의 영혼이 바깥으로 스며 나오는 것처럼….

엉뚱한

만약 에디슨이 모든 사람하고 똑같이 생각했다고 합시다.

어떻게 엉뚱한 축음기를 만들고 전구를 만들 수가
있었겠어요? 모든 사람이 똑같이 생각한다면 거기에서는
창조력이 생기지 않습니다. 창조라는 것은 엉뚱한 생각이고
또 엉뚱한 것이 용서되는 그것이 창조력이지요.

역원근법

사람들은 각자 자기가 정계正界이고 남들은 횡계橫界요
도계到界라 생각하지만, 실은 이 세상에는 횡계, 도계란 없어.
모두가 다 정계인 것이지. (…) 평면지도를 찢고 지구본으로
세상을 보자고. 동도 서도 없고 위도 아래도 없어.
오랫동안 오랑캐 땅에서 살아온 한국, 중국, 일본만 있던
아시아는 이제 가라. 서양의 원근법은 항상 그림을 그리는
자의 시점에서 풍경을 보지. 하지만 겸제의 금강산 그림은
어때? 여기저기 헬리콥터를 타고 그린 것처럼 다多시점으로
되어 있잖아. 가까운 것이 작고 먼 데 있는 것을 크게 그린
역원근법의 세계. 그래서 금강산 일만이천봉이 온통
항아리처럼 둥글게 둥글게 그려진 그 전체의 기상.

물음

시험을 치르는 습관 속에서 너희들은 '물음'의 의미를 상실해
가고 있다. 중요한 것은 오직 '해답'뿐이라고 생각한다.
알고 싶다는 욕망보다는 경쟁에서 이겨야 한다는 승리에의

욕망이 앞서게 된다.

그러나 아들이여, 너희들은 결코 잊어서는 안 된다.

해답보다는 물음이 있는 곳에 새로운 삶이, 새로운 지식이

그리고 새로운 운명의 문이 열린다는 것을 잊어서는 안 된다.

—

우리는 선생님이 막대기를 들고 "하늘은 까맣고, 땅은 노랗다"

라고 해도 "선생님, 왜 하늘이 까매요? 제 눈에는 파랗게

보입니다"라고 말할 줄 알아야 한다. 선생님 말을 그냥 들은

사람은 머리에서 자기의 사고 능력이 자라지 않는다.

내가 생각하는 머리는 전부 정지되고 남들이 가르쳐주는

것만이 진리라고 생각하게 된다. 그러나 끝없이 의심하고

묻는 사람은 전통을 그냥 답습하는 게 아니라 새로운 전통

속에서 지식을 만들어내는 사람이 된다. 그러면 여러분은

일 초마다 새로워지며 어제와 또 다른 오늘의 내가 된다.

감동

감동.

느낄 감感

움직일 동動

느껴야 움직인다.

풀을

움직이게 하라.

나무를
움직이게 하라.
사람을
움직이게 하라.
모든 움직임은
느낌에서 온다.

조화

여러분들은 갑도 을도 아니에요. 갑질한다고 막 욕하는
사람이, 을이 다른 데 가면 자기가 갑질해요. 그리고 자기는
전부 을이라고 생각하는 거예요. 갑은 자기가 갑이 아니라고
생각하는데 남들한테는 갑질을 해요. 이러한 상황 속에서는
절대로 우리 미래가 없고, 공동체가 있을 수가 없어요.
여러분들은 물이냐 불이냐가 아니라, 물과 불 사이에 둔
솥처럼 상극하는 두 가치를 하나의 인터페이스로서 아름답게
갈등과 대립을 막아주는, 조화하는, 솥과 같은 존재.
인터페이스로서의 '나'가 되어야 해요.

21세기

하드웨어의 시대에서 소프트웨어의 시대로, 그리고 다시
소프트웨어의 시대가 드림웨어의 시대로 옮아가고 있는
새로운 21세기를 맞게 되었다. 스필버그의 말 그대로

새로운 세기는 바로 꿈이 밥을 먹여주는 세상을 뜻한다.
IT혁명을 한마디로 설명하면 꿈을 만들어내는 산업혁명이라고
할 수 있다. 산업혁명은 석탄과 철강 같은 지하자원으로
물건을 만들어내는 기술과 그 시장을 뜻한다.
그래서 지하자원이 고갈되면 산업주의는 조종을 울릴 수밖에
없다. (…) 하지만 스필버그가 말하는 꿈 산업의 자원은
사람의 가슴속에서, 그 꿈속에서 파 올리는 자원으로
만들어진다.

꿈

논리에 안 맞는 이야기와 비사실적인 것들이 모두
'꿈꾸다'라는 동사 한마디로 통행증을 얻게 된다. 그래서
언어학자들 중에는 그것을
'세계를 창조하는 동사world-creating verb'라고 말하는
사람도 있다. 그러나 이것은 두 눈을 다 감고 꾸는 꿈이
아니다. 철저한 과학기술 위에 세워진 꿈은
가상현실이 아니라 실제의 현실과 다름없는 힘을 지니고 있는
꿈인 것이다. 한 눈은 뜨고 한 눈은 감고 꿈꾸는 힘,
그것이야말로 세계를 창조하는 동사다.

———

소프트 시대, 문화적 부가가치가 국제 경쟁의 골문이 되는
시대에서는 체력이 아니라 꿈이 국력이라고 생각해야 한다.

사지선다

초등학교 때부터 12년간 사지선다 경쟁을 치르는 동안
그들이 이기기 위해서는 창조적 사고를 버리고 이미 만들어진
생각들로부터 무엇인가를 선택하는 것, 그리고 깊이
생각하는 것이 아니라 순간순간을 재봉틀 바느질처럼
건너뛰면서 찍어가는 것, 그리고 답은 오직 하나라는 것을
몸에 익히는 것이다.
진리는 언제나 네 개 가운데 하나다. 네 개를 함께 주지
않으면 무엇이 옳은 것인지 알 수 없다. 다른 것과 비교해봐야
한다. 틀린 답을 주지 않으면 무엇이 옳은지도 모르기 때문에,
사지선다형 인간들은 맞는 것보다는 틀린 것이 항상 주위에
더 많이 있어야 살아갈 수 있다.

두발자전거

무릎이 깨지고 피멍이 들어도 우리는 세발자전거를 버리고
두발자전거를 배웠다. 우리가 위태롭게 두 발로 일어설 때
돌상에 모인 어른들은 박수를 보내고 기뻐하지 않았던가.
벤처리스트여! 쓰러진 자리에서 다시 일어서라. 어렸을 때
그랬던 것처럼. 자전거를 배울 때 그랬던 것처럼.

수레

수레에는 두 바퀴가 있듯이, 폭력에 대응하는 정감적 태도와

주지적主知的 태도는 서로 대립되어 있는 것이 아니라
상호 보완적인 것이라고 할 수 있다. 정감은 달리는 말에
가하는 '박차'와 같은 것이고, 지성은 그 달리는 말의 고삐를
잡아 그 방향을 잡아주는 '재갈'과 같은 기능을 갖고 있다고
할 것이다.

종소리

무엇인가가 내 몸을 흔들어주지 않고는, 누가 밖에서 공이로
때려주지 않고는 내 안에 고여 있는 생각의 소리를 울릴 수
없다. (…) 오늘 아침 우연히 흔든 그 종소리처럼
내 육체에서도 침묵하던 소리들이 울려왔으면 좋겠다.
사랑 같은 것, 정화된 슬픔 같은 것, 동그란 점 같은 것,
선이 아니라 열도처럼 섬들이 하나로 이어진,
그런 점 같은 것….

교육

누구나 마음속에 생각의 보석을 지니고 있다. 다만 캐내지
않기 때문에 잠들어 있을 뿐이다. 아직도 우리의 교육은
한 사람 한 사람의 마음속에 잠재해 있는 생각이나 능력을
밖으로 캐내기보다는 이미 만들어진 어떤 이념들을 머리와
가슴속에 주입시키는 경우가 많다.

—

아이들은 아침마다 떠오르는 황홀한 태양을 본다.
분명히 그들의 체험 속에서는 태양은 떠오르는 것이고
수레바퀴처럼 움직여서 서산으로 지는 것이다.
그러나 학교에서는 움직이는 것은 땅이요, 태양은 언제든
한곳에 못 박혀 있는 것이라고 가르친다. 눈으로 보고
귀로 들으며 마음속으로 느끼는 그 생생한 감각들은 모두
거짓된 것이고 오직 과학적인 추상의 세계만이 진리라고
가르친다. 옳은 것을 가르치는 것보다는
사실을 가르치기에만 바쁘다.

인문학

인간의 사랑이라는 것은 아무리 사랑해도 거리가 있는
법이다. 이 거리 때문에 시를 쓰고, 소설을 쓰고 그렇게
인문학이 생겨나는 것이다. 영원히 너와 나는 가까워도 엷은
막이 있다. 너와 나 사이, 그리고 사물과 나, 하나님과 나,
인간과 나 사이에는 아무리 가까이 가도 아주 엷은 존재의
막이 있다는 것이다. 그것을 찢고 싶은 것이다.
그게 시고, 소설이고, 인문학에서 말하는 역사고, 철학이다.

———

이제부터 수단을 살지 말고, 삶의 목적을 사시라.
그것이 인문학이고 그 목적에 도달하기 위한 날개가
상상력이라는 창조의 날개이다.

동료

눈에 보이지 않는 것을 보이게 하고, 숨어 있는 것을 드러내
주는 것이 인문학의 창조적 상상력이고, 그 창조적 상상력이
인류가 한 번도 가보지 못한 길, 내가 한 번도 체험해보지
못한 곳으로 우리를 데려간다. 그때 손을 잡고 같이 동행하는
자들이 바로 인문학을 하는 동료들이고, 선생님들이다.

비닐우산

우리 주변을 보면 미래를 예측하지 못하기 때문에 생겨나는
낭비가 많은데 바로 비닐우산이 그 상징적 존재라 할 수
있다. 한 시간 앞도 내다보고 살아가지 못하는 우리의 현실,
그때그때 닥치면 임시 변통으로 때워나가는 우리의 생활,
예보 없이 살아가는 무계획의 모험… 앙상한 우산의 범람을
보며 우리는 과연 무엇을 생각하는가? (…)
갑자기 쏟아지는 소낙비엔 비닐우산이라도 사 쓰면
그만이지만 미래를 예측하지 못하고 살아가는
이 예보 없는 역사 속에서 때 아닌 폭풍을 만날 때
우리는 어떻게 할 것인가?

360도

같은 사람들끼리만 모이면 정보가 없다. 나와는 다른 사람을
만나서 이야기도 해보고, 싫어하는 사람과도 얘기를 해보며

가시에 좀 찔려도 봐야 한다. 서로 자기들끼리만 모여서 떠들면 10인 줄 알았던 진리를 열 명이 떠드니까 백이 되고 천이 되면서 이 세상의 진리는 자기들밖에 없는 줄로 생각한다. 세상은 360도로 열려 있고 선택지가 이렇게도 넓은데, 같은 사람들끼리 몰려 있으면 세상은 협소해진다.

이름

이름을 짓는다는 것은 창조의 씨앗이다. 죄수들이 죄를 짓고 교도소에 가면 가장 먼저 자기 이름이 사라지고 번호로 불린다. 우리도 집단으로 가면 이름이 아니라 학번 같은 숫자로 불린다. 이름이 사라지는 것이다. 우리의 인생이라는 것은 나를 빼앗아가려는 숫자와 나의 언어를 지키려고 하는 언어와 숫자의 싸움이다. 언어라고 하는 것은 나의 정신 그 자체다. 그런데 그게 쇠퇴되면 숫자들이 나와서 언어로 사색하는 개념들을 전부 숫자화한다. 그러면 이 세상은 완전히 숫자들이 지배하게 된다.

리스크

리스크는 이태리의 고대 말인데, '용기를 갖고 앞으로 나가는 사람'이라는 뜻이다. 즉 진취적이고 용감한 사람이라는 것이다. 다른 사람은 안전하게 돌아가지만, 용기 있는 사람은 '죽기 아니면 살기다'라는 마인드로 모험을 한다.

그래서 경영학자들이 말하는 리스크에는 모험이 없는 곳에
이익도 없다는 뜻이 담겨 있다.

—

남이 안 하는 것을 하려는 독창성에는 늘 리스크가 따르지.
장애물을 돌파하지 않으면 창조적 상상력은 뜬구름이 되고
김빠진 맥주가 되는 거야.

지식인

꽃들은 봄이 되면 서로 앞다투어 핀다. 지금으로 치면
예언자가 아니라 시세에 편승하는 자들이고 복숭아꽃, 살구꽃,
아기 진달래 같은 것이다. 전부 시류에 편승하는 것이다.
봄이 되니까 그저 서로 '내가 잘났다'라며 시끄럽게 핀다.
그런데 매화는 가장 추울 때, 누구도 봄이 온다고 생각하지
않았을 때 홀로 피면서 "애들아, 앞으로 봄이 온다"라고
예언자적인 모습을 보이는 꽃이다. 이게 지식인이고
지성인이다. 지금 눈앞에서 봄을 누리는 자가 아니라
봄을 예고하고 봄의 뜻을 먼저 전해주는 사람이 바로
지식인인 것이다.

영감

지금은 외계로부터 미와 진실과 사랑을 구할 수 있는 행복한
시대가 아니다. 내부에 수분을 간직하지 않은 채 문명의 길로

그냥 뛰어나가면, 금시 나는 증발해버리고 말 것이다.

그러므로 나는 자신의 상상력 속에서 사막의 도시를 걷는다.

유언 같은 최후의 책

『이어령의 말』은 선생님의 오랜 뜻이었다. 『이어령, 80년 생각』의 결정판 같은 단 한 권의 책이자, 유언 같은 최후의 책. 선생님은 암 발병 이후, 그러니까 작고하기 7년쯤 전부터 '이어령 어록집'을 내고 싶다는 뜻을 여러 차례 내비치셨다. 선생님께서 남기신 수백 권의 책 중에서 '이어령의 언어'로 재정의한 부분을 추리고 추려 한 권의 사전으로 엮어내길 바라신다는 것이었다. "그 한 권을 통해 후대의 독자들이 내가 평생 해온 지적 탐험을 쉽게 이해하면 좋겠다"는 취지였다.

"1970년대부터 이 아무개(선생님은 자신을 이렇게 지칭하신다) 사전을 만들고 싶다는 요청이 많았어요. 그때는 너무 이르다고 생각해서 사양했지. 먼 훗날 내 글들이 쌓이면 내겠다고 했는데, 이제는 때가 된 것 같군. 내가 평생 동안 해온 말, 평생 써온 글에서 나 아니면 할 수 없는 말을 모아서 사전을 만들어주게나. 제목에 '사전'이라는 말을 넣지 않아도 괜찮고, 반드시 가나다순으로 단어를 배열할 필요도 없어요."

그렇게 해서 어록집의 성격을 띤『이어령의 말』이 탄생했다. 어록집이 드문 한국의 풍토에서 기념비적인 책이다. 한국에 어록집이 드문 건, 첫째, 자기만의 언어로 사유하는 이가 드물고, 둘째, 어록집으로 낼 만큼 방대한 저작물을 남긴 작가가 많지 않은 이유가 크다. 이런 어록집의 사각지대인 한국 풍토에서 이 책은 한국 지성계에 단비와도 같다.

　　『이어령의 말』은 개념어 사전이나 어록집의 형태를 띠지만 내용은 '인생 사전' 내지 '지혜의 사전'에 가깝다. 고매한 생을 살아낸 시대의 지성이 건네는 '생의 지침서'라고 봐도 무방하다. 삶이란 무엇이며, 인간과 생명, 사랑과 어머니, 정치, 자연, 문화, 예술의 속성은 과연 무엇인지를 한 올 한 올 풀어내는 이어령 식 정의는 밋밋한 세상을 4차원의 입체로 보게 하는 신비의 렌즈를 손에 쥐여준다. 늘 우리 곁에 있지만 일상이라는 두툼한 담요 밑에 깔려서 잘 보이지 않는 생의 본질을 감각하게 해주는 요술 렌즈. 그 렌즈는 시대와 사회가 부여한 틀과 고정관념 너머의 세상을 보여준다. 순수하고 맑은 영혼들이 사는 진짜 인간다운 세상 말이다.

　　나는 영광스럽게도 이 책의 편집위원으로 책의 처음과 끝을 함께했다. 선생님은 내게 은인인 동시에 숙제 같은 존재였다. 늘 당장 답이 보이지 않는 질문을 던지시는가 하면, 도무지 끝날 것 같지 않은 긴긴 프로젝트를 넌지시 내비치시기도 했다. 그리고 작고하시기 수개 월 전 어록집 편찬 작업을 맡아

달라는 과제를 주셨다. 제자이자 언론인인 나에게 남기신 마지막 과제였다.

중요한 건 선생님의 유지를 최대한 살리는 일이었다. 선생님이 남기고 싶은 최후의 책은 과연 어떤 만듦새일까. 이 책이 어떤 쓸모로 탄생하길 바라신 걸까. 선생님은 생전에 수시로 어록집 관련 말씀을 하셨는데, 그 부분을 찾아 녹취로 듣고 또 들으면서 선생님의 뜻을 읽고자 했다. 편집진과 숱하게 회의를 거쳤고, 우리는 이어령이 아니면 안 되는 생생한 입말을 살리는 데 역점을 두고자 했다. 또 국어사전처럼 단어를 기계적으로 배열하는 대신, 단어가 품은 함의를 염두에 두고 배열해 연관어들이 자연스럽게 이어지도록 했다.

이 책이 나오기까지 적지 않은 시간이 필요했다. 수백 권에 달하는 선생님의 방대한 저작물 중 대상 도서를 선정하는 과정부터 쉽지 않았다. 절판되어 시중에서 구할 수 없는 책, 시의성이 두드러져 예측이 현실이 되어버린 내용을 담은 책은 되도록 대상에서 제외했다. 시간성을 초월해 울림을 주는 문장들, 지적 상상력에 충격을 주는 문장을 위주로 담으려 했다. 본격적인 작업에 수십 명이 투입되었고, 나 역시 합류해 5종의 책을 맡아 밑줄을 그었다.

밑줄을 그으며 새삼 깨달은 것이 있다. '이 밑줄은 나만의 밑줄일 수밖에 없다'는 것. 책을 넘기다 보면 밑줄 긋고 싶은 문장이 페이지마다 튀어 나오는데, 그것들을 다 긋다가는 '밑줄

전집'이 나와야 할 참이었다. 고르고 고를 수밖에 없었으니, 그 밑줄은 작업자의 지극히 주관적인 밑줄인 셈이다. 이 말은 곧, 밑줄 그은 말들의 저 너머에 이어령의 반짝이는 언어가 무수히 남아 있다는 얘기가 된다. 『이어령의 말』 독자들이 이 책을 '이 어령 입문서' 내지 이어령이라는 세계의 현관문으로 바라봐주 길 바라는 가장 큰 이유다.

　어록집의 탄생은 기적에 가깝다. 선생님은 출판사 측에 "진 짜 할 수 있겠어?"라는 말을 여러 차례 하셨다. "보통 어려운 일 이 아니에요. 마음 단단히 먹어야 해"라는 말과 함께. 그 지난한 과정을 거쳐 어록집을 출간하게 되어 감개무량하다. 쉽지 않은 과정을 기꺼이 감내해준 세계사 측에 고맙고 또 고맙다. 선생 님 책의 출판권을 가진 출판사들에도 고개 숙여 감사를 전한다. 넓은 아량으로 협조해준 수십 곳의 출판사가 없었다면 이 책은 빛을 볼 수 없었을 것이다.

　이어령 선생님은 우리말을 깊이 사랑하셨다. 입말인 고유 어에 대한 애정이 극진해 불씨만 남은 우리말에 혼을 불어넣어 활활 타오르게 하곤 했다. 이 책은 우리말로 사유하고 우리말로 글을 쓴 한국의 지성이 남긴 창조력의 사전이자 인생 사전이기 도 하다. 선생님은 "말에 말을 걸면 새 말이 나온다"며 끊임없 이 언어 너머의 언어를 궁구해온 지식인이자, 우물 같은 우울 과 불꽃 같은 지적 환희를 동시에 감각할 줄 아는 인생 고수였 다. 이 책이 자기 머리로 생각하는 법을 깨우는 종鐘이자, 시대

354

의 어른이 남긴 생의 비서秘書로 읽히길 바란다. 그것이 선생님의 뜻이리라고 감히 헤아려본다.

편집위원 김민희(『톱클래스topclass』 편집장)

헌사

강병인(서예가)

1443년, 한자를 빌리지 않아도 우리말을 표기할 수 있는 문자, 한글이 탄생했다. 스티브 잡스보다 600여 년 앞서서 '새로운 생각' '다른 생각'으로 세종대왕이 만든 훈민정음, 한글이다.

한글은 동양의 보편적인 사상인 천인지를 문자의 체계System로 삼고, 하늘 •, 땅 ㅡ, 사람 ㅣ의 형태를 본떠 글자의 기본 획으로 삼았다. 또한 소리를 하늘과 땅, 사람으로 나누고 합하는 원리와 발성기관의 상형화로 우리말을 시각화했다. 나아가 음양, 즉 낮과 밤이 바뀌고 봄여름가을겨울이 돌고 돌 듯 순환하는 원리로 세상의 소리를 쉽게 적게 했다. 'ㅓ ㅗ ㅏ ㅜ ㅡ ㅣ', '엉엉앙앙, 솔솔술술, 슬슬실실, 한헌혼헌환휜' 등이 예이다. 자연의 이치를 끌어와 문자의 체계와 운용원리로 삼은 것은 참으로 독창적인 문자이다. 그러니 세종대왕은 뛰어난 문자 디자이너, 창조적인 기획자Creative Director라 할 수 있다. '다른 생각'으로 만들어진 '한글'은 21세기 첨단 디지털 시대에도 그 쓰임이

헌사

쉽고 널리 이로우니까.

이어령 선생님 하면 88올림픽 때 넓은 경기장에 홀로 등장한 '굴렁쇠 소년'이 먼저 생각난다. 어떻게 이런 창의적인 아이디어가 나올 수 있을까. 그때부터 나는 이어령 선생님을 광고 디자이너, 카피라이터, 창조적인 기획자로 생각해왔다.

선생님과의 직접적인 인연은 글씨로 시작되었다. 2013년 호암미술관에서 열린 팔순 잔치의 주제 '동행–생명의 소리' 글씨를 썼고, 2014년 출간된 『짧은 이야기, 긴 생각』에 '80초 생각 나누기' 제호와 본문 삽화 형식의 글씨도 썼다. 2020년 『한국인 이야기』에서는 "한국인의 정서는 똥이어야 한다"를 나의 글씨 '똥'을 예로 들며 언급하셨다.

물불

물과 불은 분명히 상극한다. 물은 차갑고 불은 뜨겁다. 물은 하강하고 불은 거꾸로 상승한다. (…) 불과 물이 같이 있으면 이와는 다른 현상이 벌어진다. 상극은 상생으로 변해 날것도 아니요, 탄 것도 아닌 맛있는 문명의 밥상이 차려진다.

이어령 선생님의 어록에서 다시 만난 물불 이야기다. 이 이야기는 2014년 중앙일보 서소문 별관 사무실에서 선생님과의 대화에서도 들었다. "영어 파이어Fire와 워터Water는 어떤 연관성도 없다. 우리말 불과 물 역시 뜻과 소리는 다르지만 그 형태,

즉 문자는 깊은 연관성을 가지면서 자연의 이치를 그대로 담아내고 있다." 이어서 "물 미음ㅁ에서 뿔이 난 것이 불 비읍ㅂ이다. 이토록 선명한 대칭을 이루는 말과 문자가 세상에 있을까." 글씨 쓰기를 업으로 삼은 나는 어떤 글을 글씨로 옮기기 위하여 글이 가지고 있는 뜻을 먼저 분석한다. 이어서 글자의 구조를 해체하여 공간을 열어 이야기를 심고 다시 조합하여 글이 가진 뜻이나 소리를 적극적으로 형상화하는 일에 매달리고 있다. 그러나 선생님은 문자의 구조나 형태를 넘어 물과 불의 상극이 오히려 "상생으로 변해 날것도 아니요, 탄 것도 아닌 맛있는 문명의 밥상이 차려진다"는 해석으로 한 차원 높은 인문의 세계로 우리를 이끌었다.

2020년, 대한민국의 상징이 된 광화문 광장, 그 광장에 서 있는 광화문, 광화문 현판에 쓰인 글자만큼은 경복궁에서 만들어진 최초의 한글 글꼴, 훈민정음 해례본체로 바꿔 달자는 운동을 하면서 자문을 구하기 위해 선생님과 긴 통화를 했다. "보통 현판이 네모난데, 훈민정음 해례본체는 그 현판에 꽉 차면서 정말 잘 어울리는 글씨다. 2020년 지금, 새로 만들어서 걸면 그것이 100년, 200년 후에는 정말 귀한 문화재가 되는 것 아닌가." 선생님의 말씀과 글은 언제나 미래를 향하고 있다. 나이 들어가더라도 낡은 생각에 머무르지 않고, 더 새로운 생각, 다른 생각으로 다르게 살아야 한다고 말씀하고 있다.

김대진(한국예술종합학교 총장)

천재

천부의 예술적 재능을 지니고 태어났다는 것은 어떤 면에서 행운
이 아니라 장애인 같은 고난의 핸디캡을 지니고 이 세상에 온 존
재라는 뜻입니다.

천재를 바라보는 새로운 시각. 이어령 선생님에게 천재란, 동
경의 대상이 아닌 '고난의 핸디캡을 지니고 이 세상에 온 존재'
였고, 그는 이들을 품어줄 예술학교 설립의 필요성을 강조했다.
이것이 한국예술종합학교의 시작이었다.

1992년 개교 후 지금에 이르기까지 무수한 천재들이 우리 한예
종을 거쳤고, 이들이 가진 모래알 같은 재능은 각자 다른 빛을
발산하는 보석이 되었다. 당시 문화부 장관이었던 선생님의 결
단이 있었기에 지금의 한예종이 있고, 우리나라 예술계도 더욱
빛나는 성과를 낼 수 있었을 것이라고 감히 단언해본다.

한예종 개교 30주년을 맞은 2022년, 나는 학교 구성원의 뜻을
모아 본부가 있는 석관동 캠퍼스 예술극장의 명칭을 '이어령예
술극장'으로 바꾸었다. 이곳은 지금까지 그래온 것처럼 앞으로
도 새로운 시각을 통해 발견된 천재들이 예술가로서의 꿈을 실
현하는 장소가 될 것이며, 이제 그의 부재와 상관없이 '이어령'
이라는 세 글자는 한예종과 함께 오래도록 이름이 불릴 것이다.

나는 선생님의 뜻을 이어 한예종이 더욱 굳건한 모습으로 성장할 수 있도록 최선의 노력을 다하고자 한다.

김문정(뮤지컬 음악 감독)

암 투병 중인 이어령 선생님이 항암치료를 포기하고 글쓰기에 전념하신다는 소식을 접했다. 회심한 후에 신 앞에서 "내가 가진 것은 글을 쓰는 것과 말을 하는 천한 능력이오니"라고 고백하신 게 떠올랐다. 평생 글을 써오신 분이 죽음 앞에서도 펜을 놓지 않는 '의연한 한결같음'에 마음 깊은 곳에서 존경심이 우러나왔다.

『이어령의 말』 곳곳을 미리 읽으며 밑줄을 그어본다.

"사랑은 관찰이 아니다. 잠수다. 강물을 사랑하는 사람은 아름답다고 말하지 않고 그냥 뛰어든다"는 구절에 멈추게 된다. 선생님의 글쓰기 사랑에 대해서도 그러셨으리라, 죽음 앞에서조차 자신을 던지는 마음으로 뛰어드셨으리라 감히 짐작해본다.

그리고 나를 돌아본다. 나는 무엇을 사랑하고, 무엇에 뛰어들고 사는가. 지휘봉을 드는 순간, 나는 원하든 원치 않든 리더의 자리에 선다. 오케스트라와 배우뿐 아니라 최고의 무대를 만들기 위해 일하는 모든 사람의 마음을 하나로 모아야 하는 그 자리에서 신뢰를 바탕으로 한 소통과 화합은 참 소중한 가치이다. 한자의 '방향'과 영어의 '디렉션'의 뿌리를 캐어내 의미를 분석한 부분에도 시선이 오래 머물렀다. 한자의 방향은 포용적이지만 서양의 방향은 배제적이라는 선생님의 분석에 최고의 무대를 목표로 하는 나에게 가야 할 곳뿐 아니라 함께 가는 소중한 사람들을 둘러보게 했다.

내가 그랬듯 『이어령의 말』을 읽으며 독자들이 한 번 더 밑줄을 그으며 자신의 삶을 돌아보게 되길, 그리하여 한층 더 충만한 삶을 사는 데 도움이 되길 바란다.

김윤주(뮤지션, '옥상달빛' 멤버)

그가 떠나던 날, 문득문득 울음이 터졌다.

나만 너무 많은 걸 받은 듯한 이상하고 희한한 기분 때문에. 늦은 밤까지 내리던 비를 보며 그립던 이를 만난 행복의 눈물이 천국에서 이곳까지 닿았구나 안도했다. 이런 낯선 감정들이 떠오르는 건 그의 존재가 언제부턴가 나에게 커다란 고마움으로 자리하고 있어서가 아닐까.

그의 책들을 펼 때면 늘 벅차올랐다. 힘들 때마다 꺼내어 먹는 순수하고 따뜻한 위로였고, 열정적이며 날카로운 가르침이었다. 방황하며 힘들어할 때는 헤매고 있는 용기를 칭찬해줬고, 죽음에 대한 불안함이 엄습할 땐 죽음을 가까이할수록 삶을 더 소중히 여기게 된다며 마음을 다독여줬다. 누구도 말해주지 않았던 이 당연하지 않은 시선은 그때그때 필요한 단비처럼 내게 스며들었다.

책 끄트머리를 가득 접으며 읽게 될 수많은 문장들 덕분에 아마도 난 모든 것을 당연하게 생각하지 않고, 호기심 많은 아이의 눈으로 세상을 바라보려 자주 노력하며 살아갈 것 같다.

김창완(뮤지션, 작가)

자라면서 살면서 어른들께 크게 혼나본 적도 없는데…. 어른들 선생님들 하면 우선 꾸지람 들을 생각부터 난다.

낮잠 자다 선생님 책을 펴낸다는 김민희 편집장의 전화를 받았다. "누구세요?" "이어령 선생님 책을 내려고 하는데… 어록을 발췌해 보내드릴 테니 헌사 좀 써주세요. 양이 많으니 이메일 주소를 가르쳐주시면…."

글을 받아봐야 아나? 읽으면 또 혼나는 기분일 텐데…. 책 본문을 읽기 전에 쓰자 싶어 미리 써서 보냈다.

다른 거 하나 없고, 그냥 뵙고 싶습니다. 이어령 선생님~ 나의 선생님! 생전에 아주 아주 먼 발치에서 딱 한 번 뵈었습니다. 그런데도 이렇게 뵙고 싶네요.

김현정(CBS PD)

늘 들려주고픈 말씀이 많은 분이었습니다. 아침 시사 프로그램 인터뷰라는 것이 길어야 고작 20분인데 이어령 선생께서는 1시간은 쉽게 넘겨버리며 자신의 모든 것을 쏟아부으셨습니다. 그래서 어쩔 수 없이 적지 않은 내용을 편집해야 했지요. 깊은 인터뷰를 몇 번 나누다 보니 어느샌가 저는 그분을 '인간계'를 떠난 존재로 생각했던 것 같습니다. 어떤 분야든 모르는 게 없고 한없이 강인하기만 한 시대의 스승, 그래서 좀 멀게 느껴졌던 것도 사실입니다.

아이러니하게도 그분과 가까워진 건 그분이 돌아가시고 나서입니다. 부인 강인숙 관장을 모셔서 남편이 남기고 간 노트에 관한 인터뷰를 하는데 한 구절을 보여주시는 겁니다. "2020년 7월 5일. 바람 한 점 없는 날에도 깃털은 흔들린다, 날고 싶어서. 바람 한 점 없는 날에도 공깃돌은 흔들린다, 구르고 싶어서. 바람 한 점 없는 날에도 내 마음은 흔들린다, 살고 싶어서." 기력이 쇠해 직립보행을 못 하게 될까 봐 펑펑 우시더라는 일화를 들으면서는 저도 모르게 눈시울이 촉촉해졌습니다. 그분도 나와 같은 인간이었구나! '인간 이어령'의 어록집에는 삶에 대한 진지한 성찰이 담겨 있습니다. 때로는 암호 같은 메시지를 해석하다 보면 재미있기도 합니다. 이제 진짜 '천상계'에서 편집 없는 긴 이야기를 풀어내고 계실 선생님을 생각하며 흐뭇한 미소를 지어봅니다.

박연준(시인)

대학 때 강연 녹취 푸는 일을 한 적 있다. 녹음된 소리 그대로 심드렁하게 타이핑을 하던 어느 날, 내 영혼이 쪼개지는 듯한 전율로 얼어붙은 적이 있다. 강연자를 서둘러 확인해 보니 '이어령' 선생이었다. 그날부터 이어령 선생은 내게 '타성에 젖은 어느 오후의 중심을 찢고 태어난 존재'로 각인되었다.

선생은 세상의 고루한 인식을 답습하는 법이 없다. 삶을 이루는 가장 작은 것에서부터 큰 것까지, 당신만의 눈으로 바라보고 새롭게 '정의'해 세상에 내놓는다. 그의 사유는 피상에 치우치지 않고, 생생한 경험과 탐구의 결과로 태어난다. 『이어령의 말』은 이어령 선생의 경험과 철학을, 인생의 시간을 압축해 놓은 사전이다. 그에게 말은 행동의 결과이며 인식의 결정체인 것이다. "사랑은 관찰이 아니다. 잠수다. 강물을 사랑하는 사람은 아름답다고 말하지 않고 그냥 뛰어든다"라고 말할 때, "사랑의 키는 죽음보다 한 치라도 높아야" 한다고 할 때 불현듯 삶에 열렬히 투신하고 싶어진다.

송길영(마인드 마이너-빅데이터 전문가, 작가)

"선생님께서 남겨 주신 쿠키 항아리"

일본 드라마 〈심야식당〉의 한 에피소드 중 우메보시 이야기가 있습니다. 호시노씨는 4년 전 어머니가 돌아가신 뒤, 남겨주신 우메보시를 먹으며 위로를 받습니다. 하지만 더 이상 남은 것이 없어지자 이렇게 이야기합니다.

"우메보시가 다 떨어지자 어머니가 그리워지기 시작했어요. 드디어 제가 혼자란 걸 깨달은 거죠."

선생님이 그립습니다. 그렇지만 선생님은 우리에게 쿠키가 가득 찬 항아리인 이 책을 남겨놓으셨습니다. 어머니의 우메보시보다 더욱 큰 항아리에는 선생님의 애정 어린 색다른 관점이 차곡차곡 예쁘게 포장되어 있습니다. 둔한 머리로 모든 것을 이해할 때까지 한참이 걸릴 것을 알고 있지만, 이제 선생님의 새로운 이야기를 더 이상 들을 수 없기에 명석하지 못한 저의 지능이 오히려 고맙습니다.

선생님이 남기신 아래의 문장이 눈길을 잡습니다.

고유함

도서관에 가보면 나보다 훌륭한 사람이 얼마나 많은데 무슨 얘기를 더 보태겠어? 다만 79억 지구인 중에서 나처럼 생각하는 사람은 나밖에 없다는 이야기를 하고 싶어요. 모든 사람은 각자 고유의 생각을 하고, 그 생각은 제각각 소중해요.

부족하기 이를 데 없기에 하나의 문장을 남기면서도 주저하는 저에게 용기를 주셔서 감사합니다. 비록 서툴어도 남들과 다른 생각을 또 하나 우리 종에게 더한다는 마음으로, 오늘도 용감하게 펜을 들겠습니다.

이재은(MBC 아나운서)

어릴 적 이어령 선생님의 간증을 들었던 기억이 납니다. 무신론자임을 강력히 주장하던 선생님이 하나님을 만나고 그 뜨거운 사랑에 감격하며 어린아이처럼 눈물을 흘렸던 경험을 나눠주셨죠.

지성

지성에는 비판과 분석은 있어도 사랑은 없다.

사랑 앞에 지성이 얼마나 무력한 것인지, 세상 지식과 권위, 부귀와 명예도 사랑이 없으면 아무 소용이 없다는 사실을 가르쳐주셨습니다. 이 시대 최고의 지성인인 선생님의 입술을 통해 전해진 그 순수한 사랑의 고백이 많은 이들을 울렸고, 저 역시 가슴이 뜨거워졌습니다. 그 어느 때보다 더욱 사랑이 필요한 시대, 선생님이 남기신 수많은 지혜의 말들이 앞으로도 위로와 도전, 용기와 사랑이 되어 오래오래 우리 곁에 머물기를 기도합니다.

장석주(시인, 문학평론가)

청년 시절 출판사에서 일할 때 원고를 받으려고 이어령 선생을 자주 찾아뵈었다. 문학사상사 주간이신 선생이 계신 한옥 거실은 금세 방문객들로 가득 차곤 했다. 선생이 침묵을 깨고 말문을 열면 방문객들은 더러는 감탄을 하고 더러는 전율을 하며 경청했다. 인문학의 거장이자 학자인 선생의 고전을 종횡으로 누비며 풀어가는 화제는 깊고 풍부하며, 몰아치는 말들은 어찌 그리도 유려했던지! 시간은 빠르게 흘러갔다. 그 순간 화살처럼 꿰뚫고 지나가던 앎의 기쁨과 황홀을 잊을 수가 없다. 그 당시에는 "생은 생으로서가 아니라 죽음과 마주쳤을 때 더욱 그 향기와 긴장을 더하는 것"임을 까마득하게 몰랐다. 돌이켜보면 그것은 죽비같이 등짝을 후려치는 고승의 법문이고, 인문학의 향연이며, 어디서도 들을 수 없는 명강의였다.

『이어령의 말』은 이어령 선생이 평생 집필한 책들에서 뽑은 경구와 잠언들로 가득 차 있다. 선생 특유의 화려한 수사가 나르는 전언은 우리가 알아야 할 인생에 대한 거의 모든 것을 담아낸다. 동서의 문명을 휘젓고, 시와 언어, 문화와 예술의 뜻을 짚으며. 삶과 죽음 같은 주제도 거침없이 화두에 올린다. 선생은 어머니를 두고 "한 권의 책, 원형의 책, 영원히 다 읽지 못하는 책"이라고 했는데, 후학들에게는 선생이 그 어머니 노릇을 했던 게 아닌가! 선생은 동시대를 산 이들에게 지혜로운 스승이고 자애로운 어머니였을 테다. 『이어령의 말』은 우리 안에 잠든 창의성을 깨우는 어록집이자 영감과 위로를 전하는 인생 사전이며, 혜안이 번득이는 생각의 조각을 모은 나침반 같은 책이다. 감히 평생 머리맡에 두고 읽을 책으로 추천한다.

장유진(바이올리니스트)

초등학교 시절, 이어령 선생님을 뵈었을 때에는 선생님의 무게를 알지 못했습니다. '예술을 좋아하는 유명하신 분이 KBS〈열

린음악회〉를 보시고 호기심에서 보고 싶으셨나보다'라는 가벼
운 마음이었습니다. 다정한 이웃집 할아버지 같은 대화를 주고
받은 따스한 기억으로 남아 있습니다. 편안한 가운데에서도 농
도 짙은 어떤 울림을 느꼈습니다.

그 후 선생님은 중앙일보 문화사업팀을 통해 지속적으로 후원
해주셨지만, 직접적인 만남은 없었습니다. 그러다가 성인이 된
후 선생님이 보이지 않는 지지와 응원의 손길이 되어주셨다는
것을 뒤늦게 알았습니다. 청주에 오셔서 제가 청주 출신이라는
것을 기억하시고 많은 분께 저에 대한 기대 어린 이야기를 하
셨다는 것을 듣게 되었습니다.

이어령 선생님이 남기신 어록을 모아 만든 『이어령의 말』을 읽
으며 또 한 번 뒤늦게 깨닫습니다. 어떻게 이렇게 많은 분야에
대한 관심을 가지고 고찰을 하셨을까요. 음악 한 분야에 대한
고민과 이해도 버거운 저에게는 도달할 수 없는 태산 같은 시
대의 거인임을 이제야 알게 되었습니다.

특히 이 구절이 가슴에 꽂힙니다.

아름다움

슬픔과 기쁨을 꽃으로 노래할 줄 아는 원숭이가 인간이 된 것이지
요. 황홀한 눈으로 꽃을 바라보았을 때 그 향기로 숨을 쉬었을 때
비로소 그 짐승의 가슴에는 인간의 피가 흘렀던 것입니다. 꽃의 아
름다움이 발톱이나 이빨보다 더 강한 힘을 주었습니다.

아마도 이런 마음으로 고사리 같은 제 연주를 보고 싶어 하셨고, 한국예술종합학교를 설립하셨겠지요. 선생님이 안 계셨더라면 한국인의 긍지와 자부심을 가지고 활약하는 수많은 젊은 예술가들이 있었을까요? 지금의 저도 마찬가지이고요. 선생님이 남겨주신 영혼의 언어들을 읽으니 선생님이 더 그리워집니다.

정끝별(시인, 문학평론가, 이화여대 교수)

이어령의 이름은 오얏(자두나무) 이李, 어거할(부리어 몰, 거느릴) 어御, 편안할 령寧으로 이루어져 있습니다. 령寧이라는 글자에는 집宀과 마음心과 그릇皿과 고무래丁가 어우러져 있습니다. 마음을 담는 그릇과 마음을 일구는 고무래가 있는 우주로서의 집, 그러한 집이야말로 인문학이 꿈꾸는 은유적 풍경일 것입니다. 어御라는 글자는 가르치고 다스리고 거느리고 모신다는 의미를 품고 있습니다. 게다가 이 모든 게, 그 희고 애련한 꽃과 그 향긋하고 달콤한 열매를 건네주는 오얏나무 그늘에서 이루어진다니! 가히 자연·예술과 사회·경제·과학을 아우르는 인문학일 것입니다. 이어령이라는 이름과 이어령의 문장들이 꿈꾸는 세계일 것입니다.

쓰고 또 썼던 장대한 이어령의 문장들에서 '밑줄 쫙' 그은 문장들을 엮었습니다. 시쳇말로 이어령의 '에센스'이겠습니다. 밑줄은 중요한 문장이나 다른 문장과 구별하기 위해 긋는 줄입니다.

이어령도 이렇게 말했습니다. "(나는) 어디에 밑줄을 쳐야 하는가를 안다. 그러다 보니 관계없는 책들을 읽어도 엮을 줄 안다. 말로 읽어도 되로밖에 못 내놓는 사람이 있지만, 되로 읽고 말로 내놓을 수 있는 사람도 있다. 나도 그중 한 명이다. 읽으면서 이 책, 저 책을 꿰어놓는다." 이어령의 문장과 문장을 다시 관계 지으며 꿰어놓은 김민희가 밑줄 친 문장들을 읽으며, 나 또한 마음이 찌릿하거나 쭈뼛할 때마다 밑줄을 긋곤 했습니다. 이십 대부터 듣고 읽고 새겼던 문장들이었기에 나는 문득 시간 여행을 하는 것도 같았습니다.

수천 년의 동서양을 아우르며 팔십 평생을 축적한 이어령의 지식과 지혜, 성찰과 통찰을 이렇게 한 권에 집약해놓다니! 그러니 『이어령의 말』은 시처럼 문장들 사이에 머물며 그 그늘과 뿌리를 상상하며 새기며 읽었으면 합니다, 천천히! 인간을 물으며 지금―여기를 물으며 길을 물으며 묵묵히! 밑줄은 발견이고 발명입니다. 그 순간 밑줄 그은 사람을 새로 태어나게 하기 때문입니다. 『이어령의 말』이 여러분의 밑줄로 이어지기를! 그리하여 그 밑줄이 우리 인생에 그어지기를!

정여울 작가(작가, 문학평론가)

달콤하고 따뜻한 말이 아니어도 좋으니, 누군가의 따끔한 조언을 듣고 싶을 때가 있다. 이어령 선생의 문장은 바로 그렇게 누군가의 조언을 간절히 필요로 할 때 더 큰 빛을 발한다. 게다가 마치 우리의 생각을 짐작이나 한 듯이, 이렇게 알뜰하게 모아 선물처럼 배달되는 문장이라면, 더욱 반갑다. "이 시대의 아픔을 보면서도 슬퍼하지 않고 아파하지 않는 저 많은 사람들 틈에서 당신마저 코를 골며 깊이 잠들어 있어서는 안 된다"는 말씀에 정신이 번쩍 들었다. 우리, 부디 깨어 있자. '각자도생의 시대'라는 냉정한 말이 우리의 가슴을 찌를 때, 선생은 '사이'와 '연결'의 소중함을 일깨우고 가셨다. 우리 부디 서로의 아픔을 향해 두 눈 부릅뜨고 깨어 있기를. 그리하여 서로가 서로에게 따스한 손잡이가 되어주며, 눈물과 절규로 가득 찬 이 가혹한 시대의 늪을 건너갈 수 있기를.

최인아(최인아책방 대표)

길

타인과 영원히 같이 걸을 수 있는 길이란 없다. 혼자 걸어야 하는 길, 미아처럼 울면서 혼자서 찾아다니는 길, 그것이 바로 고독한 인간의 자아일지도 모른다.

선생님과 직접 만난 적은 없다. 영상으로 뵌 것이 전부인데 돌아가시기 1년 전쯤 마지막으로 뵈었다. 우리 책방 북클럽이 『이어령, 80년의 생각』을 그달의 책으로 선정했을 때였다. 선생님은 우리 북클럽 회원들께 보내는 영상 편지를 촬영해 보내주셨고 우리는 다 같이 선생님의 말씀을 들었다. 그때 영상을 본 나는 깜짝 놀랐다. 영상 속 선생님은 내 아버지와 놀랍도록 닮은 모습이었다. 젊은 시절의 두 분은 서로 닮은 얼굴이 아니었다. 한데 노년에 들어 병약해진 모습은 '같은 길'을 앞둔 분들의 모습이어서일까. 내 아버지와 선생님은 흡사한 얼굴, 흡사한 음성이었다. 아닌 게 아니라 그해 가을 아버지가 돌아가셨고 그 몇 달 후 선생님도 세상을 떠나셨다.

우리는 사회적 동물이기도 하지만 또한 개별자이며 단독자다. 혈육과도, 친구와도 죽음 앞에선 헤어져야 하고 그 순간 우리는 홀로 죽음을 맞는다. 죽음 앞에서만 그런 게 아니다. 살아 있을 때에도 우리는 문득문득 순간순간 혼자다. 개별자요 단독자의 운명이다. 그러므로 세상의 모든 길은 아워 웨이, 데어 웨이 Our Way, Their Way가 아니라 마이 웨이My Way다! 고독한 자유인, 이어령 선생님의 안식을 빈다.

최재천(이화여대 에코과학부 석좌교수, 생명다양성재단 이사장)

디지로그

저녁노을은 왜 이렇게도 아름다운가. 다가오는 어둠 속에 아직 빛이 남아 있기 때문이다. 빛과 어둠이 엇비슷하게 존재하는 아름다운 세상. 그것이 한국인이 오랫동안 참고 기다렸던 그 공간이다. (…) 디지털과 아날로그가 만나는 기분 좋은 시간, 한국인의 시간이다.

—

디지털과 아날로그의 대립하는 두 세계를 균형 있게 조화시켜 통합하는 한국인의 디지로그 파워가 미래를 이끌어갈 날이 우리 눈앞에 다가오게 될 것이다.

이어령 선생님이 고안해내신 많은 신개념 중에서 내가 가장 사랑하는 개념이 바로 디지로그이다. 돌아가시기 몇 달 전 선생님을 마지막으로 뵈었을 때 그리 말씀드렸고 선생님께서도 당신이 하신 모든 말씀이 어쩌면 디지로그, 이 한 단어 안에 함축될지 모른다고 말씀하셨다. 선생님 말씀대로 디지털 세계와 아날로그 세계는 분리된 게 아니라 대립된 세상을 이어주는 어울림이다. "인터넷과 현실의 갭이 무너지면서 서로 단절되는 것이 아니라 상호 협력하게 되는 것"이다. 디지로그가 인류 문명의 미래이고 그 한복판에 대한민국이 있다.

한동일(바티칸 대법원 변호사)

이어령 선생의 어록집에 대한 헌사를 의뢰받았을 때 저는 잠시머리가 멍해졌다가 고민하게 됐습니다. 선생과는 어떠한 일면식도 없는 데다가 감히 교류할 입장도 아니었기 때문에 제가 과연 자격이 있을까 했던 것입니다. 그럼에도 선생의 어록집에 혼쾌히 헌사를 쓰겠다고 마음을 정한 데는 바로 선생의 책을 처음 만났던 잊을 수 없는 시간 때문입니다.

중학교 2학년 겨울방학이었습니다. 처음 친구 형의 방에 들어 갔다가 서가에 꽂힌 수많은 책들을 보게 되었는데, 영어가 아 닌 몇 안 되는 우리말 책 가운데 가장 눈에 띤 것은 선생의 저서 『축소지향의 일본인』이었습니다. 그때 저는 선생의 책을 통해 뇌의 자극을 넘어 심장의 떨림을 느꼈고, 그 경험은 '소년 한동 일'에게 공부에 대한 새로운 열망을 심어주었습니다.

선생은 그렇게 일면식도 없는 제게 고대 그리스인들이 생각하 는 방식을 다시금 생각하게 하였습니다. 나이 많은 사람이 해 준 이야기라서, 사람들에게 널리 알려진 이야기라고 해서 그것 이 자연현상을 설명해주는 진실로 인정될 수 없다는 사고 말이 지요. 다시 말해 전통과 권위의 무게가 사람들의 분별력을 오 히려 흐리게 만들 수 있다는 것을 알게 해주었습니다. 그리고 그것은 제 마음에 앙투안 드 생텍쥐페리의 명문 "당신이 배를 만들고 싶다면, 사람들에게 목재를 가져오게 하고 일을 지시하 고 일감을 나눠주는 일을 하지 마라. 대신 그들에게 저 넓고 끝 없는 바다에 대한 동경심을 키워줘라"처럼 새로운 동경으로 이 어졌습니다.

이제 선생의 모든 저서 가운데 수많은 울림을 준 반짝이는 문 장들을 발췌해 모아놓은 이 책은 제가 그랬듯이 오늘날의 독 자들에게도 새로운 영감과 떨림을 선물할 것이라 믿고 있습니다. 아무것도 아니었던 소년이 자라 선생의 헌사를 쓰는 이 최고의 시간을 영예롭게 생각하며, 우리 시대 최고의 석학이셨던 선생의 말씀 앞에 저 역시 다시 옷깃을 여미고 귀 기울입니다.

함돈균(문학평론가)

앎의 종류에는 세 가지가 있다. 모르고 있던 사실을 알려주는 앎. 잘못 알고 있던 사실을 교정시키는 앎. 이미 알고 있던 사실을 새삼 확인시켜 깨우침을 주는 앎. 이 어록의 주인공 이어령 선생은 이 세 가지 앎을 모두 체득하고 자유자재로 활용하던 특별한 지식인이자 만인의 인생 교사였다.

그의 다채로운 삶의 구력 속에서 이 앎은 더 풍부해지고 더 넓어지고 더 깊어졌지만, 난 무엇보다도 선생의 앎이 당신다운 방식으로 발화되고 표현될 수 있는 문장가의 앎이었다는 사실에 안도한다. 앎이라는 사건은 앎을 담고 있는 말을 통해서만 일어나며, 참다운 말의 형식을 통해서만이 앎에 깃든 존재는 왜곡 없는 형상으로 제 모습을 드러내기 때문이다.

선생은 어떤 방식의 문장가였는가. 압축된 말로 세계의 진실을 탁월하게 개방할 수 있는 이를 시인이라고 한다면, 그는 시인이었다. 인간사의 빛과 어둠을 입체적이고 날카롭게 분석하는 지성을 비평가라고 한다면, 그는 누구보다도 첨예한 비평가였다. 경험의 핍진성을 통해 길어 올린 세계의 진상을 산문적으로, 때로는 관대하게 전달하는 이가 에세이스트라고 한다면, 그는 에세이스트다. 사물의 진상을 꿰뚫고 보편원리가 내재한 단순명료한 언어로 이를 추상화할 수 있는 이가 과학자라고 한다면, 그는 과학자의 언어를 구사했다고도 해야 할 것이다. 지성이 돌파할 수 없는 한계를 겸허히 수용하고, 이 겸허 속에서 솟아나는 영감을 통해 만상의 신비에 닿는 유한자의 언어는 어떠한가. 이 언어를 영성가의 기도라고 할 수 있지 않을까. 그렇다면 생애 후반 그의 입을 통해 발화된 언어를 그러한 기도의 일종이라고 말하지 못할 이유가 무엇인가. 이 기도에는 말과 말 사이, 문장과 문장 사이에 존재하던 선생의 침묵과 숨소리가 또한 포함되리라.

그러나 그의 말을, 그의 문장을 무엇이라고 규정하든 간에, 그 언어에는 언제나 독특한 위트가 깃들어 있음을 나는 기억한다. 선생의 말은 궁극적으로는 진리를 향해 달음박질치지만, 이 말에는 생명이 발산하는 약동과 발화자 스스로가 즐기는 유희적 흥취가 늘 감지되었다. 말의 맛과 말의 멋이 공존하는 가운데 드러나는 생의 오묘한 비의에 관해서라면 한국 현대 지성사에서 선생의 언어를 대체할 분은 없다. 그 맛깔나고 멋스러운 생애의 어록들이 이렇게 묶일 수 있다는 사실이 어찌 경이롭지 않으랴.

선생은 이 말들 속에서 영원하다. 그 말들 속에 깃든 앎의 세계도. 그리하여 존재는 휘발되지 않는다.

호원숙(작가)

"어머니는 내 환상의 도서관"

나에게 이어령 선생님 하면 사직동에 한옥으로 된 문학사상사에 어머니(박완서 작가) 원고를 들고 갔던 일부터 떠오른다. 『도시의 흉년』 원고를 갖다주던 시절부터 김구림 화가가 『문학사상』 표지로 그린 어머니의 아름다운 초상화가 생각난다. 그 친필원고를 고이 저장하였다가 영인문학관에서 전시하기까지의 그 일관성을 생각하게 된다. 그것보다 엄청나게 많은 일들을 하셨건만.

이어령 선생님은 그런 분이셨다. 나에게는.

2021년 어머니 10주기에 영인문학관에서 〈해산바가지와 그들〉 전시를 했을 때는 선생님 건강이 무척 좋지 않으셨다. 그런데도 저와 함께 식사를 하시면서 어머니의 「해산바가지」는 세계 어느 나라에도 찾아 볼 수 없는 유일한 작품이라고 아둔한 나를 앞에 두고 말씀해주셨다. 다른 분들도 있었는데 오직 저만을 바라보셨다. 그건 생명이라는 그 주제에 깊이 집중하는 모습이셨다.

나는 그때의 그 모습을 잊지 않으려고 애쓴다. 스승의 날에 꽃다발을 하나도 받지 못했다고 고백하는 외로운 교수님은 죽음을 앞두고 더 명료한 정신으로 앞을 향하고 있었다.

선생님의 마지막 강연을 들으며 더 존경하게 되고 더 사랑스럽게 느껴짐은 왜일까? 선생님은 영혼이 젊으셨기 때문에 나에게 사랑스럽게 느껴진 것이다. 그 많은 책들 그 지식들의 창고에서 딱 한 권을 집는 선생님의 단호함과 일관성에 존경과 감사를 보낸다. 그의 동반자이신 강인숙 관장님과 스승으로 가깝게 지낼 수 있는 것은 나에게 큰 축복이었다.

어머니

나의 서재에는 수천수만 권의 책이 꽂혀 있다. 그러나 언제나 나에게 있어 진짜 책은 딱 한 권이다. 이 한 권의 책, 원형의 책, 영원히 다 읽지 못하는 책, 그것이 나의 어머니다. 그것은 비유로서의 책이 아니다. 실제로 활자가 찍히고 손에 들어 펴볼 수도 있고 읽고 나면 책꽂이에 꽂아둘 수도 있는 그런 책이다.

—

어머니는 내 환상의 도서관이었으며, 최초의 시요, 드라마였으며, 끝나지 않는 길고 긴 이야기책이었다.

그것은 비유로서의 책이 아니라는 말씀이 내 머리에 떠나지 않는다.

홍지영(영화감독)

끝나고 나서야 다시 시작되는 관계가 있습니다. 일면식도 없이 주로 매체를 통해 뵀던 선생님의 말소리가 이제 제 눈앞에 글소리가 되어 데이트를 청합니다. 아마도 오래오래 두고두고 만

남이 이어질 거 같습니다.

이 세상에 남겨진 아주 사적이면서도 동시에 보편적인 사전을 탐독하다가 저는 이 문구에서 눈 걸음을 멈췄습니다.

그림자

그림자는 존재의 단순한 흔적이 아니다. 오히려 존재에게 의미를 던져주는 어떤 문자다.

한편으로는 삶의 그림자를 프레임에 담는 직업인으로 단순한 흔적 채취의 유한성 때문에 고뇌하면서도, 다른 한편으로는 새로 존재하게 될 어떤 삶에게 의미를 던짐으로써 남겨짐의 무한성을 추구하는 일인으로서 유난히 마음에 그림자를 드리운 문자였습니다.

앞으로도 오랫동안 그가 남긴 그림자 안에서 오늘과 내일의 어둠에 굴복하지 않고 모레의 장밋빛 새벽을 기다리고 싶습니다.

색인

ㄷ

399

ㅋ

ㅌ

기타

저작물 목록

김민희 외, 『이어령, 80년 생각』(공저), 위즈덤하우스 2021.

김지수 외, 『이어령의 마지막 수업』(공저), 열림원 2021.

김훈 외, 『글로벌 시대의 희망 미래 설계도』(공저), 아카넷 2008.

신영복 외, 『다른 것이 아름답다』(공저), 지식산업사 2008.

이어령, 『나를 찾는 술래잡기』, 문학사상 1994.

　　　　『한국인의 신화』, 서문당 1996.

　　　　『말 속의 말』, 두산동아 1996.

　　　　『뉴에이스 문장사전』, 금성출판사 2004.

　　　　『디지로그』, 생각의나무 2006.

　　　　『누가 맨 먼저 생각했을까』, 푸른숲주니어 2009.

　　　　『생각을 달리자』, 푸른숲주니어 2009.

　　　　『생각』, 생각의나무 2009.

　　　　『이어령의 삼국유사 이야기』, 서정시학 2011.

　　　　『우물을 파는 사람』, 두란노 2012.

　　　　『젊음의 탄생』, 마로니에북스 2013.

　　　　『생명이 자본이다』, 마로니에북스 2013.

　　　　『짧은 이야기, 긴 생각』, 아이스크림미디어 2014.

　　　　『소설로 떠나는 영성순례』, 포이에마 2014.

　　　　『이어령의 가위바위보 문명론』, 마로니에북스 2015.

　　　　『이어령의 보자기 인문학』, 마로니에북스 2015.

　　　　『이어령의 지의 최전선』, 아르테 2016.

　　　　『어느 무신론자의 기도』, 열림원 2016.

　　　　『의문은 지성을 낳고 믿음은 영성을 낳는다』, 열림원 2017.

　　　　『지성에서 영성으로』, 열림원 2017.

　　　　『너 어디에서 왔니』, 파람북 2020.

　　　　『읽고 싶은 이어령』, 여백 2021.

　　　　『딸에게 보내는 굿나잇 키스』, 열림원 2021.

　　　　『우리 문화 박물지』, 디자인하우스 2022.

　　　　『이어령의 책 한 권에 담긴 뜻』, 국학자료원 2022.

　　　　『너 누구니』, 파람북 2022.

　　　　『어머니를 위한 여섯 가지 은유』, 열림원 2022.

　　　　『말로 찾는 열두 달 · 거부하는 몸짓으로 이 젊음을』, 21세기북스 2023.

　　　　『흙 속에 저 바람 속에 · 오늘보다 긴 이야기』, 21세기북스 2023.

　　　　『축소지향의 일본인』, 21세기북스 2023.

　　　　『하나의 나뭇잎이 흔들릴 때 · 현대인이 잃어버린 것들』, 21세기북스 2023.

　　　　『뜻으로 읽는 한국어사전 · 신화 속의 한국정신』, 21세기북스 2023.

『젊은이여 한국을 이야기하자』, 21세기북스 2023.

『바람이 불어오는 곳』, 21세기북스 2023.

『진리는 나그네·노래여 천년의 노래여』, 21세기북스 2023.

『차 한 잔의 사상』, 21세기북스 2023.

『어머니와 아이가 만드는 세상·시와 함께 살다』, 21세기북스 2023.

『일본문화와 상인정신』, 21세기북스 2023.

『기업과 문화의 충격』, 21세기북스 2023.

『푸는 문화 신바람의 문화·문화 코드』, 21세기북스 2023.

『나, 너 그리고 나눔』, 21세기북스 2023.

이재철 외, 『지성과 영성의 만남』(공저), 홍성사 2012.

이어령의 말

초판 1쇄 발행 2025년 2월 26일
초판 2쇄 발행 2025년 3월 13일

지은이 이어령
펴낸이 최동혁
편집위원 김민희 김승희 최윤

펴낸곳 ㈜세계사컨텐츠그룹
주소 06168 서울시 강남구 테헤란로 507 WeWork빌딩 8층
이메일 plan@segyesa.co.kr 홈페이지 www.segyesa.co.kr
출판등록 1988년 12월 7일(제406-2004-003호)
인쇄 예림 제본 다인바인텍

ISBN 978-89-338-0365-3 (04100)